Ame, Nutra e Perdoe

Ame, Nutra e Perdoe

Um Guia Capaz de Iluminar Sua Vida

Ryuho Okawa

IRH Press do Brasil

Copyright © Ryuko Okawa 1997
Título do original em japonês: *Hito wo Aishi, Hito wo Ikashi, Hito wo Yuruse*
Título do original em inglês: *Love, Nurture, and Forgive – A Handbook to Add a New Richness to Your Life*

Tradução para o português: IRH Press do Brasil
Edição: Wally Constantino
Preparação e revisão: Agnaldo Alves
Diagramação: José Rodolfo Arantes
Capa: Maurício Geurgas
Imagem de capa: Dreamstime

IRH Press do Brasil Editora Limitada
Rua Domingos de Morais, 1154, 1º andar, sala 101
Vila Mariana, São Paulo – SP – Brasil, CEP 04010-100

Nenhuma parte desta publicação poderá ser reproduzida, copiada, armazenada em sistema digital ou transferida por qualquer meio, eletrônico, mecânico, fotocópia, gravação ou quaisquer outros, sem que haja permissão por escrito emitida pela Happy Science – Ciência da Felicidade do Brasil.

1ª edição
ISBN: 978-85-64658-05-9

Impressão: Paym Gráfica e Editora Ltda.

SUMÁRIO

Prefácio 9

Parte I:
Ame, Nutra e Perdoe 11

Capítulo 1: Como Surgiu a Filosofia dos "Estágios do Amor" 13
Os Termos Centrais da Filosofia 13
O "Amor que se Dá" 16
O Falso Amor 21
Autoaperfeiçoamento por meio do "Amor que se Dá" 24

Capítulo 2: O que Significa Amar o Próximo 27
O "Amor que se Dá" Pode Mudar Sua Vida 27
É Dando que se Recebe 30

Amar Sem Esperar Nada em Troca 33
Os Princípios da Felicidade 37

CAPITULO 3: A PRÁTICA DO "AMOR QUE NUTRE" 43

CAPÍTULO 4: O "AMOR QUE PERDOA" 49

PARTE II:
A PERSPECTIVA NECESSÁRIA PARA A JORNADA RUMO
À INDEPENDÊNCIA 55

CAPÍTULO 5: UM PONTO DE PARTIDA COMUM 59
Sustentar um Pensamento 61
Melhorar pelo Esforço 63
O Extraordinário em Meio ao Ordinário 69
As Descobertas 76
Determinação e Coragem 84

CAPÍTULO 6: INDEPENDÊNCIA 87
Responsabilidade e Capacidade da Alma 87
Superar Fracassos 91
A Verdade e a Economia 95
Conquistar a Confiança 100

CAPÍTULO 7: DIFERENTES VALORES 103
A Importância da Compreensão 103

Aprender com os Relacionamentos 106
Acima do Bem e do Mal 112
Prós e Contras do Monismo 115
Superar as Diferenças 117

CAPÍTULO 8: UM ENCONTRO COM DEUS 121
O Desejo de Obter a Iluminação 121
Começar do Zero 122
Esperar que um Caminho se Abra 125
Controlar a Força Interior 126
Adquirir uma Nova Perspectiva 130

CAPÍTULO 9: AUMENTAR O VALOR DO TEMPO 133

CAPÍTULO 10: ALCANÇAR UM NÍVEL EXTRAORDINÁRIO DE AMOR 137
Abrir a Porta para o Subconsciente 137
Materializar Seus Pensamentos 138
O Confronto com Espíritos Malignos 141

SOBRE O AUTOR 147

SOBRE A HAPPY SCIENCE 149

CONTATOS 152

OUTROS LIVROS DE RYUHO OKAWA 159

PREFÁCIO

Este livro apresenta uma filosofia de vida, ou melhor, ele é um guia para uma filosofia de vida. As palavras que formam o título, *Ame, Nutra e Perdoe*, embora representem uma frase simples, trouxeram uma transformação incrível para a minha vida. Para ser mais exato, quando pude compreender o verdadeiro significado dessa frase, obtive a iluminação. Isso ocorreu em 1981.

Nos vinte e poucos anos que se passaram desde então, fundei a Happy Science (Ciência da Felicidade), uma organização voltada à concretização dos objetivos inerentes à frase "ame, nutra e perdoe". Ao longo desse período, a instituição cresceu e se tornou um dos maiores movimentos religiosos do Japão. Uma pequena frase da Verdade Divina cresceu de maneira extraordinária e agora oferece seus frutos em abundância.

Estou muito feliz por ver tantos homens e mulheres extraordinários como membros da Happy Science. Quando penso sobre o que torna essas pessoas tão especiais, chego à conclusão de que o segredo reside em sua atitude de autoajuda, no fato de estarem dispostas a assumir a responsabilidade pelo próprio crescimento. Aqueles que se dedicam ao autoaperfeiçoamento e à prática do altruísmo, como está descrito neste livro, irão evoluir a cada dia. E, dentro de seis meses a um ano, eles terão conseguido transformar a si mesmos em pessoas completamente diferentes.

Tudo o que está contido neste livro são palavras de luz indispensáveis para aqueles que desejam levar uma vida valorosa. Não tenho a menor dúvida de que você vai encontrar aqui um guia prático para ajudá-lo ao longo de sua vida.

Espero sinceramente que, tendo a frase "ame, nutra e perdoe" sempre em mente, todos aqueles que lerem este livro possam conquistar uma vida mais rica por meio da prática do "amor que se dá".

Ryuho Okawa
Janeiro de 2007

Parte I:

AME, NUTRA E PERDOE

Capítulo 1

COMO SURGIU A FILOSOFIA DOS
"ESTÁGIOS DO AMOR"

―――――― ✳ ――――――

Os Termos Centrais da Filosofia

A frase "ame, nutra e perdoe" tem para mim um significado muito especial e me enche de coragem. Quando olho para trás e analiso os anos que se passaram e o meu ponto de partida, essas palavras sempre surgem na minha memória.

Tudo começou em 1981. Naquela ocasião, levava uma vida completamente diferente e jamais poderia imaginar que um dia meu trabalho seria o de pregar verdades espirituais. Certo dia, porém, de repente comecei a receber mensagens de outra dimensão, de um mundo que existe além do mundo terreno em que vivemos. Era uma nova realidade que inesperadamente surgia diante de mim.

Nos anos que se seguiram, passei a ler muito sobre espiritualidade e percebi que outras pessoas também haviam tido experiências semelhantes. Uma delas foi Madre Teresa de Calcutá que, certa vez, enquanto viajava de trem, ouviu a voz de Jesus e pôde compreender sua missão na vida. Depois disso, ela iniciou seu grandioso trabalho na Índia.

Embora na época eu não duvidasse de que tais fenômenos pudessem realmente acontecer com os outros, não tinha a menor ideia de como lidar com a situação quando eles passaram a ocorrer comigo. Sendo eu totalmente despreparado, fiquei estarrecido com a primeira mensagem espiritual que recebi. Ocorreu assim.

Na tarde do dia 23 de março de 1981, tive o pressentimento de que algo especial estava prestes a acontecer. Peguei um bloco de papel e fiquei esperando, com um lápis à mão. De repente, minha mão começou a se mover como se tivesse adquirido vida própria. Era óbvio que não era eu quem a estava movendo. Para começar, escrevi os ideogramas japoneses que significam "Boas Novas" na primeira folha do bloco.

Na segunda folha, a mesma mensagem – "Boas Novas" – foi escrita, e o mesmo ocorreu na terceira folha. Minha mão continuava a escrever as mesmas palavras nas folhas seguintes, até que finalmente perguntei "Já sei, já sei, mas não há nada mais que você queira me dizer?". No entanto, minha mão apenas continuava escrevendo "Boas Novas". Foi a única coisa que aconteceu naquele dia, mas fiquei com uma sensação intensa de expectativa de que algo mais iria se suceder.

Mesmo sem saber como reagir diante desse tipo de comunicação espiritual, logo me familiarizei com o processo e passei a manter conversas com seres de outro mundo. Uma das mensagens que recebi naquela época foi "ame, nutra e perdoe". Com base nos conceitos contidos nessa frase, desenvolvi posteriormente a filosofia dos "Estágios do Amor".

Analisei profundamente o significado dessa mensagem simples durante vários meses, até que por fim compreendi que ela sintetizava o âmago de uma filosofia que eu viria a desenvolver e que se tornaria a missão da minha vida neste mundo. Continuei a refletir sobre essa única linha de texto por quase três anos. Nesse período, vivenciei inúmeros fenômenos espirituais, mas continuei trabalhando para uma grande empresa japonesa de comércio exterior, repetindo aquelas palavras para mim mesmo, enquanto pensava em algum modo de colocá-las em prática. Finalmente, em torno dos 27 anos consegui elaborar a filosofia dos "Estágios do Amor"[1], a partir dessas três palavras.

Após três anos de contemplação, fiquei convencido de que existem, na realidade, diferentes níveis de desenvolvimento do amor.

Analisando o passado, posso dizer que, quando essa filosofia ganhou forma nítida, ela marcou o início de uma nova fase do meu próprio desenvolvimento espiritual. Levei três anos para desenvolver essa filosofia e depois mais outros três anos até que me sentisse pronto de fato para sair e ensinar publicamente as verdades espirituais. Durante aqueles seis anos, concentrei-me em como desenvolver minha filosofia em torno dessa frase fundamental e colocá-la em prática.

O "Amor que se Dá"

Ao continuar refletindo sobre a frase "ame, nutra e perdoe", aos poucos passei a compreender que esses três fatores – amar, nutrir e perdoar – apontavam para certa direção. Amar, nutrir e perdoar alguém significa adotar uma abordagem positiva nos relacionamentos, sem

---

1. Consulte o Capítulo 3, "O Grande Rio do Amor", do livro *As Leis do Sol*, de Ryuho Okawa.

pensar em nenhum retorno para si mesmo. Em outras palavras, significa uma forma de altruísmo.

Por outro lado, quando recebi essa mensagem pela primeira vez em 1981, tinha apenas 24 anos, e minha tendência natural era exatamente o oposto. *Eu* queria ser amado, nutrido e perdoado. Tudo o que desejava era que as outras pessoas me amassem, fossem gentis comigo e me elogiassem. Desejava intensamente que elas expressassem sua admiração por mim; ansiava muito por isso. No entanto, essas três palavras me impeliram a uma mudança completa de perspectiva, de 180 graus.

Devo admitir que cheguei a perguntar a mim mesmo o que eu iria ganhar com isso. Por outro lado, via tantas maldades e contradições no mundo, que não sabia por onde começar a perdoar. Estava repleto de indignação moral; não conseguia ver dentro de mim a capacidade de perdoar o mundo como ele se apresentava, e sentia um desejo incontrolável de julgar o mundo. Entretanto, por volta de uns seis meses antes de entrar em contato com a frase "Ame, Nutra e Perdoe", comecei a ter várias oportunidades para rever minha vida. Enfrentando preocupações, tornei-me bastante introspectivo.

Naquela ocasião, eu tinha duas grandes preocupações. A primeira estava ligada à realização dos meus objetivos pessoais. Havia em mim um forte desejo de desenvolver minhas potencialidades ao máximo e levar uma vida condizente com aquilo que considerava merecer. Tinha um desejo enorme de realizar meus ideais, mas as coisas nem sempre saíam como eu gostaria. Consequentemente, sofri várias decepções e sentia como se houvesse uma força misteriosa colocando obstáculos no meu caminho.

O outro problema estava relacionado ao amor. É bem natural o desejo dos seres humanos de serem amados. Nesse aspecto, somos todos iguais e frequentemente sofremos, sobretudo na adolescência, por não conseguirmos receber o amor que desejamos. Se eu analisasse meus sentimentos daquela época, precisaria admitir que, ao contrário do que ensino hoje na Happy Science, valorizava muito pouco o que as pessoas haviam feito por mim. Em contrapartida, quando não conseguia atingir meus objetivos ou quando as pessoas não agiam como eu esperava, sentia-me frustrado, decepcionado e infeliz. Além do mais, sentia que esse modo de vida era o normal.

Sempre gostei de poesia, e por volta dos 10 anos comecei a escrever vários poemas. Isso indicava que eu era uma dessas pessoas que tendem a ser muito sensíveis e propensas à negatividade, que se magoam facilmente e, para aliviar seus sofrimentos, escrevem poemas. Ao mesmo tempo que não conseguia ficar imediatamente feliz quando recebia algum elogio, o mais leve insulto poderia me atingir como uma lança e me deixar ressentido por anos.

As pessoas dizem várias coisas em diferentes circunstâncias, e na maioria das vezes não têm intenção de magoar ninguém. Se isso se aplica a você, aplica-se igualmente aos outros. É simples assim. Infelizmente, porém, alguns são incapazes de pensar dessa maneira, e eu era uma dessas pessoas. Quando alguém fazia um comentário impensado a meu respeito, mesmo sem nenhuma intenção de me ferir, um simples comentário que surgisse em sua mente e fosse dito em voz alta, aquilo me feria como se fosse um punhal e às vezes me deixava magoado por anos. Isso resultava em uma enorme frustração. Considerava-me o mais miserável dos seres humanos; sentia-me sem valor e incapaz de compreender por que havia nascido.

Quando deparei com as ideias contidas na frase "Ame, Nutra e Perdoe", percebi que talvez a felicidade que eu estivera buscando ao longo de toda a vida não fosse a felicidade verdadeira. Até então, acreditava que a felicidade fosse algo que nos era presenteado pelos outros. Eu ficava feliz quando recebia dos outros o reconhecimento e a admiração que achava merecer. Mas não havia absolutamente nada que indicasse o "recebimento" de algo na frase "Ame, Nutra e Perdoe".

Analisei minha vida e me perguntei se alguma vez já havia amado alguém de fato ou mesmo se havia tentado amar o próximo, mas só pude me lembrar de muito poucas ocasiões em que isso ocorreu. Ao contrário, quanto mais eu pensava a respeito, mais me conscientizava do quanto as outras pessoas fizeram por mim ao longo dos anos. Para começo de conversa, meus pais nunca pouparam esforços para me proporcionar o melhor possível. Percebi também o quanto devia aos meus amigos e professores por tudo o que haviam feito para me ajudar na vida. O apoio dado e o ambiente que eles criaram permitiram que eu me dedicasse aos estudos. Eu, por minha vez, sempre pensava só em mim mesmo. Pensava apenas na felicidade que minhas próprias conquistas e meu próprio sucesso poderiam me trazer.

Depois disso, tentei criar uma lista mental de tudo o que as pessoas haviam feito por mim e de tudo o que eu fizera por elas – essa é uma técnica prática que agora chamo de "Balanço do Amor". O resultado foi que, por mais que eu tentasse, conseguia lembrar-me apenas de algumas poucas ocasiões em que tinha feito algo por alguém ou me esforçado para fazer outra pessoa feliz. Em contrapartida, podia recordar facilmente diversas ocasiões em que alguém havia largado o que estava fazendo só para me ajudar. O que eu havia feito pelo próximo, coisas que eram realmente boas, entravam na coluna do "Ativo" do meu "Balanço do Amor", enquanto as coisas que os outros tinham feito por mim entravam na coluna do "Passivo" dessa contabilidade. Ao encerrar o balanço, fiquei profundamente arrependido pela maneira como estava vivendo e tive certeza de que precisava me tornar uma nova pessoa.

Nunca havia olhado o mundo por essa perspectiva. No passado, ficava bastante satisfeito se conseguisse, digamos, tirar boas notas nos exames e ser elogiado por isso. Sentia que tinha realizado algo importante. Considerava que, enquanto fosse o centro das atenções, eu estaria levando uma vida perfeita. No entanto, quando consegui mudar a minha perspectiva, pude perceber como era terrível aquela vida até então.

O Falso Amor

Olhei para o mundo por uma perspectiva completamente diferente. Pensei: "Há mais de 5 bilhões de pessoas no mundo, e somente no Japão, mais de 100 milhões. Se todas elas fizerem um balanço, colocando numa coluna tudo o que realizaram pelo próximo e, na outra, tudo o que receberam dos demais, da mesma maneira que eu havia feito, qual seria o resultado? Se a maioria tivesse recebido algo de alguém sem ter feito nada em troca, então a maioria das pessoas do planeta seria devedora. Ou seja, essas pessoas seriam como parasitas espirituais que roubam o amor dos outros".

Se você caminhar por uma plantação de arroz ou um local pantanoso, talvez encontre gosmentas sanguessugas que vão se prender às suas pernas e chupar o seu sangue. Essas criaturas são consideradas desagradáveis porque roubam o sangue das pessoas, em vez de fazerem algo produtivo. O mesmo pode ser dito dos mosquitos. Detestamos o modo como eles surgem do nada e roubam nosso sangue, antes de desaparecerem no ar. Na realidade, muitas pessoas agem exatamente da mesma maneira. Não fazem nada de produtivo, mas levam consigo aquilo que os outros precisaram de um grande esforço para criar.

As pessoas que estão sempre reclamando que ninguém as ama, que ninguém as elogia ou admira, que nunca conseguem realizar seu pleno potencial – pessoas que acham que merecem ser amadas e não oferecem nada em troca –, podem ser comparadas às sanguessugas e aos mosquitos. É natural, portanto, que esse tipo de gente seja rejeitado.

Como Surgiu a Filosofia dos "Estágios do Amor"

É difícil imaginar que alguém quisesse ir, de propósito, a um local infestado de mosquitos, arregaçasse as mangas da camisa e oferecesse com satisfação o seu sangue aos parasitas. Assim como os mosquitos, as pessoas que só pensam naquilo que podem obter do próximo, naturalmente não serão apreciadas, ou, no mínimo, não conseguirão o que desejam.

O mesmo pode ocorrer no relacionamento entre um homem e uma mulher. Em particular na adolescência, os jovens anseiam ardentemente conquistar o amor do sexo oposto. Quando não conseguem receber o que querem, isso gera um sofrimento interminável. Mas será que alguma vez eles pensaram no que poderiam dar? E quando alguém faz algo pelo parceiro, geralmente isso não ocorre porque ele espera que haja alguma retribuição? Embora muitos pensem que estejam praticando o "amor que se dá", na realidade estão apenas fazendo algo porque esperam algum tipo de recompensa. Se não receberem nada em troca, o amor que estão dando se transforma numa fonte de sofrimento, porque o amor que praticam não é verdadeiro. O amor praticado com alguma expectativa de retorno não é amor verdadeiro.

Se alguém lhe oferecesse um presente de Natal simplesmente porque esperava receber outro em retribuição, você não ficaria surpreso. As pessoas costumam expressar seu afeto e sua gratidão com presentes. Embora provavelmente esperem receber algo em troca, há algo errado com aquelas pessoas cuja única motivação em dar seja receber algo de volta. Fica bastante fácil compreender isso quando falamos de presentes, mas existem aqueles que fazem a mesma coisa no plano espiritual; eles tendem a esperar sempre alguma retribuição.

Por favor, reflita sobre sua vida e procure comparar o que você já fez pelo próximo com o que já recebeu dos outros. Se a soma resultar em empate, você não estará em débito e poderá se considerar uma boa pessoa. Entretanto, se a soma do que as pessoas já fizeram por você for maior do que a soma do que você já fez pelo próximo em retribuição, isso significa que você tem sido um peso para as pessoas ao seu redor. Em outras palavras, você estará vivendo uma vida em débito.

Autoaperfeiçoamento por meio do "Amor que se Dá"

É surpreendente descobrir o quanto recebemos dos outros e quão pouco damos em troca. Quando constatei esse fato, comecei a perceber que deveria haver uma felicidade muito maior do que simplesmente realizar os meus desejos.

O ser humano sente-se feliz quando expande a própria consciência. Em outras palavras, quando percebemos que estamos evoluindo, a consciência de que existimos se expande. O desejo de ser reconhecido e valorizado pelos outros tem origem na vontade de evoluir, mas essa evolução não poderá ocorrer se depender de receber amor dos outros. Isso não passa de uma forma de tentar obter dos outros aquilo que falta em nós.

Na verdade, o autoaperfeiçoamento ocorre quando semeamos uma parte de nossa alma, de nosso espírito, de nossa mente no coração de outras pessoas. O importante é que seu modo de vida ou sua maneira de pensar exerça uma influência positiva na vida do próximo. Em geral, costumamos pensar que dar significa perder, enquanto receber é sinônimo de ganhar. Mas no plano espiritual o que ocorre é o contrário, ou seja, quanto mais fizermos pelo próximo, maior será o nosso crescimento. No meu caso, por exemplo, ser capaz de proferir uma palestra para milhares de pessoas é uma forma de desenvolvimento pessoal. Sou capaz de influenciar o pensamento de cada pessoa presente à palestra e acrescentar algo à vida delas. Isso é muito mais significativo do que acrescentar algo à minha própria vida, e resulta num autoaperfeiçoamento muito maior.

Assim, o verdadeiro caminho para o autoaperfeiçoamento não está em defender os próprios interesses. Isso é egoísmo no melhor sentido da palavra. Na realidade, a satisfação que esse tipo de esforço proporciona é bem pequena. A verdadeira felicidade pode ser encontrada na compreensão de que você é infinitamente bom e útil ao próximo. Portanto, se você quer crescer e se desenvolver, procure ajudar o maior número possível de pessoas. Muitos se acomodam e ficam satisfeitos com pequenas realizações, mas há muito tempo percebi que, se você realmente quiser fazer algo de bom para si mesmo, precisa mudar completamente sua perspectiva na vida.

Capítulo 2

O QUE SIGNIFICA
AMAR O PRÓXIMO

---※---

O "Amor que se Dá" Pode Mudar Sua Vida

É muito fácil dizer que devemos amar o próximo; muito mais difícil é colocar isso em prática. O que passa em sua cabeça quando alguém lhe diz que você deve amar os outros no seu dia a dia? Você acha que isso quer dizer simplesmente ceder seu lugar a alguém num ônibus ou no metrô lotado, ou ajudar uma criança que tropeçou e caiu? Essa é uma pergunta difícil de responder e, infelizmente, ninguém até hoje escreveu um livro com uma lista exata do que seja amar o próximo. Isso é algo que você precisa descobrir sozinho.

Se você é casado, talvez acredite que ama tanto seu cônjuge que dedicou todo o seu amor a ele ou ela.

Nesse caso, você tem certeza de que o seu conceito de amor é o mesmo ao qual me refiro? Você acha natural que deva receber alguma retribuição pelo fato de ter se dedicado ao seu companheiro? Por acaso você pensa que está praticando o "amor que se dá", quando, na realidade, está tentando manter seu cônjuge perto de si? Você não estaria restringindo as ações e o pensamento de seu parceiro ou parceira em nome do amor? Analisando seu amor por esse ponto de vista, você poderia afirmar que não há nada de errado com ele? Isso é algo que não se percebe, a não ser quando questionado pelos outros.

Podemos afirmar o mesmo em relação ao amor de um pai por um filho. As pessoas costumam achar que amam seus filhos quando, na realidade, esse amor nada mais é do que o hábito de estarem constantemente preocupadas. Elas temem que os filhos sofram um acidente de carro, sejam reprovados nos exames ou se envolvam com más companhias. É basicamente nisso que os pais pensam e assim acabam confundindo preocupação com amor. Embora acreditem que estejam amando seus filhos, na verdade os pais estão preocupados com o próprio bem-estar. Sua real preocupação é o que aconteceria se seus maiores temores se realizassem.

Por exemplo, os pais de um jovem que está prestando vestibular podem estar preocupados com o que acontecerá com o filho, caso seja reprovado. Mas será que eles estão realmente pensando no futuro do filho? Na maioria dos casos, os pais se preocupam muito mais com o que os outros vão dizer ou com o fato de que terão de passar novamente pelo aborrecimento de mais um ano de curso preparatório.

Dessa forma, quando você refletir sobre si mesmo para ver se de fato tem dado seu amor simplesmente pelo bem do próximo, vai descobrir que não é nada fácil praticar o "amor que se dá", o ensinamento mais básico que estudamos na Happy Science. Aliás, é extremamente difícil praticar esse tipo de amor, e não é algo que se possa fazer sem esforço.

Então, o que fazer? Primeiro você deve ter consciência de que dar amor é um dos objetivos mais importantes de sua disciplina espiritual e precisa saber também que sua vida inteira mudará quando você começar a emitir pensamentos amorosos. Posso afirmar que isso é absolutamente verdadeiro pela minha própria experiência. Quando decidi parar de buscar a admiração, o respeito e o amor dos outros e, em vez disso, passei a fazer algo que pudesse ajudar o maior número possível de pessoas e assim torná-las felizes, minha vida começou a mudar.

A partir do momento em que resolvi que não precisava mais da admiração das pessoas, que não queria a gratidão delas, mas que apenas iria dedicar minha vida ao bem-estar do próximo, as coisas ao meu redor começaram a mudar enquanto avançava na realização dos meus objetivos. Ao meu redor surgiram muitas pessoas que concordavam com o que eu estava fazendo e que desejavam me ajudar a atingir meus objetivos. Ninguém irá se oferecer para ajudá-lo se sua única preocupação for com o seu próprio bem-estar. No entanto, no momento em que você decidir trabalhar pelo próximo, as pessoas passarão a ajudá-lo. Essa afirmação pode parecer estranha, mas é uma lei espiritual.

É Dando que se Recebe

Costumo dizer em meus livros que o "amor que se dá" é um amor que não espera nada em troca e que, no momento em que você passa a esperar alguma retribuição, o amor morre. Quando digo "no momento em que você passa a esperar alguma retribuição, o amor morre", não o faço para ser poético ou porque essas palavras soam bem. Digo isso porque essa é a verdade. Se você faz algo bom e espera receber o equivalente ou algo melhor em troca, o benefício adquirido pelo ato original é anulado.

Afirmo que você não deve esperar nada em troca porque, se o amor for dado gratuitamente, de coração, ele acabará voltando para o doador. Essa é uma das leis espirituais mais importantes e se aplica a toda e qualquer pessoa. Enquanto estiver vivendo na Terra, é importante que você se conscientize pelo menos dessa Lei. O amor que você doar, um dia voltará para você – essa é a lei que não se pode ver neste mundo.

Provavelmente você já leu a respeito da vida de grandes personalidades, mas alguma vez já parou para pensar no que as tornava grandiosas? Todas tinham o desejo de se dar infinitamente sem esperar nada em troca. Como resultado, o que elas deram acabou retornando e se tornou delas. Isso está de acordo com as leis físicas do mundo espiritual, e a quantidade de luz que essas pessoas possuíam foi ampliada por seus atos de amor.

Quando você faz algo puramente pelo bem do próximo, no momento em que o pensamento entra na sua mente e você realiza a ação, surge uma aura ao redor da sua cabeça. Essa aura é algo concedido a você pelo Mundo Celestial. Embora seja invisível aos olhos das pessoas deste mundo terreno, uma luz espiritual definitivamente está sendo emitida.

Esse fenômeno pode ser comprovado pelo fato de que você sentirá o seu corpo inteiro se aquecer no momento em que fizer algo com a intenção pura de tornar as pessoas felizes. Não apenas a pessoa que receber o seu amor, mas você também se sentirá aquecido. Mesmo que esteja em pleno inverno, você se sentirá inundado por uma onda de calor, e essa é a prova de que você está irradiando luz.

Com a visão espiritual é possível enxergar seu próprio halo refletido num espelho. Ao emitir bons pensamentos, de repente surgirá uma auréola atrás da sua cabeça. Quando seus pensamentos estiverem repletos de amor ao próximo, embora possa pensar que está dando amor, na realidade você é quem está recebendo.

Tal fato está intimamente ligado à razão pela qual Deus criou a humanidade em primeiro lugar. Eu ensino que todos os seres humanos são filhos de Deus, e isso significa que carregamos dentro de nós a mesma natureza de Deus. A natureza de Deus é composta por diversos elementos, porém o elemento mais significativo é o "amor que se dá". Isso significa que podemos manifestar nossa natureza essencial como filhos de Deus quando damos amor ao próximo.

Quando praticamos o "amor que se dá", podemos reconhecer nossa verdadeira natureza e, como prova disso, somos abençoados com uma luz e começamos a brilhar. Pode ser que essa luz desapareça em um ou dois minutos, mas aqueles que mantêm pensamentos positivos e caridosos estarão sempre envoltos por sorrisos e luz. Talvez você já tenha percebido que quando determinada pessoa entra num recinto, é como se o ambiente de repente se iluminasse. Isso ocorre porque essas pessoas estão sempre pensando em maneiras de fazer felizes aqueles ao seu redor e, por isso, o halo delas brilha intensamente. Se você tiver sempre pensamentos positivos em mente, eles lhe fornecerão uma fonte constante de energia, que se manifestará por meio de fenômenos físicos.

Amar Sem Esperar Nada em Troca

O budismo nos ensina o mérito da oferenda, mas por que isso é tão importante? Não é porque os monges queriam ter o que comer. Foi ensinada a oferenda porque o amor que é inerente ao ato de dar, ou a virtude contida nele retorna para o doador. Essa é a razão pela qual o significado da oferenda foi transmitido.

Buda Shakyamuni sempre ensinou aos monges e monjas que, embora talvez parecessem pedintes, deveriam manter a cabeça erguida ao receber as oferendas. Ele ensinou: "Vocês não são pedintes; na realidade, vocês é que estão se doando. Ao proporcionarem às pessoas a oportunidade de fazerem oferendas, vocês estão dando a elas um grande amor. Estão lhes ensinando o que é mais importante para os seres humanos. A Verdade não é ensinada somente por meio de sermões, mas também é expressa por atos naturais que fazem parte do cotidiano".

"Com o simples ato de segurar a tigela à espera de oferendas[2], mesmo sem pronunciar uma única palavra, vocês devem ser capazes de guiar os fiéis para o Caminho da Verdade. Devem ensiná-los como é purificadora e nobre a prática da oferenda, e quão felizes eles se tornarão ao praticá-la. Não se sintam diminuídos por estarem na posição de receptores. Vocês não estão mendigando; ao contrário, estão lhes oferecendo uma revelação, uma oportunidade de receberem uma grandiosa luz. Estão lhes proporcionando um método para atingir a iluminação. Lembrem-se de que a prática da oferenda é uma disciplina que conduz a uma grande

---

2. Importante notar que na época de Buda Shakyamuni, quando sua ordem – Sangha – foi criada, seus discípulos ordenados – monges (Bikus) e monjas (Bikunis) – podiam fazer uma única refeição ao dia, pois eram mantidos pelos discípulos não ordenados que viviam na comunidade. Todas as manhãs, após as orações, eles saíam do Sangha, cada qual com sua tigela, fazendo pregações e aceitando oferendas (doações) de alimentos para a sua subsistência. (N. do T.)

iluminação e pratiquem-na diariamente. Ela também representa uma maneira de ensinar que os conduzirá para mais perto da Verdade".

O que Shakyamuni ensinou estava absolutamente correto, e existe um aspecto importante a ser lembrado, do ponto de vista daqueles que fazem oferendas. Se uma pessoa faz oferenda a uma instituição religiosa na esperança de obter salvação no mundo espiritual ou de que seus pecados sejam removidos, então todo o mérito inerente ao ato será quebrado e não terá valor. O que for doado retornará ao doador, mas se este esperar alguma recompensa, o mérito será negado espiritualmente e não haverá retorno algum.

Um grande número de pessoas despertou para a Verdade e está fazendo um esforço conjunto para disseminar a luz; muitas delas se dedicam a trabalhos voluntários nas mais diversas formas. Gostaria de dizer a elas que o simples desejo de serem úteis ao próximo é algo digno de respeito. Quando esse desejo é colocado em prática, ele se torna fonte de um grande mérito para aquele que está doando, pois o amor que é dado volta para o doador. Não fique relacionando todas as suas boas ações e não se preocupe em obter o reconhecimento das pessoas. Procure esquecer-se de todos os atos de amor praticados e do amor que deu aos outros.

Não lhe trará nenhum benefício manter uma lista de todas as coisas que fez, nem tentar se lembrar delas. Pior ainda é querer ser tratado de maneira especial pelo que tenha feito ou esperar algo em troca. Se você agir dessa maneira, não fará progresso algum como um buscador da Verdade. Pode-se dizer até que você estará indo na direção contrária. Mesmo tendo emitido bons pensamentos e praticado boas ações, procure esquecer tudo o que fez.

Os bons pensamentos e as boas ações têm de se manifestar de forma natural e espontaneamente. Você deve agir e falar naturalmente, sem se forçar. É preciso que você faça algo por ter tido vontade, pelo simples prazer de fazê-lo, pela alegria de agir assim por toda a sua vida. Essa é uma atitude fundamental. Não há necessidade alguma de que os demais saibam o que você vem fazendo. Fazer propaganda de suas boas ações anulará o seu mérito; por isso, procure apenas agir e se esquecer do bem que vem fazendo.

Por outro lado, embora seja difícil, você precisa se esforçar para se lembrar de tudo o que as pessoas fizeram por você. É fácil lembrar o que fazemos pelos outros e esquecer aquilo que fazem por nós. Essa é a razão pela qual vemos tão pouca gratidão neste mundo. Para mudar essa situação, precisamos sempre nos lembrar de tudo que recebemos dos outros e, ao mesmo tempo, esquecer do que fazemos pelo próximo. É assim que deve ser.

Mesmo que você não receba um retorno direto por uma boa ação que tenha praticado, a pessoa que recebeu algo de você se sentirá bem e isso a levará a ter bons pensamentos e praticar boas ações. Aquele que recebeu amor sentirá que deve compartilhá-lo com outras pessoas e assim procurará fazer, por sua vez, algo de bom. Talvez você nunca saiba o que a pessoa fez, mas o amor que você deu a ela será a causa de outra boa ação.

A pessoa a quem você deu amor fará algo por outra pessoa de quem talvez você jamais tenha ouvido falar. Dessa forma, o amor adquire vida própria e passa de uma pessoa para outra. Esse pensamento gera muita felicidade e gostaria que você o mantivesse sempre na memória.

Os Princípios da Felicidade

Amar alguém significa praticar o "amor que se dá", e tudo o que ensino na Happy Science gira em torno desse conceito. Eu ensino os princípios da felicidade conhecidos como os "Quatro Corretos Caminhos", que consistem no amor, no conhecimento, na autorreflexão e no desenvolvimento, sendo o primeiro deles, o Princípio do Amor, o alicerce para os demais.

O propósito do Princípio do Conhecimento é amar um número cada vez maior de pessoas. Quanto mais conhecimento você adquirir, mais a sua vida se tornará útil ao próximo. Se lhe faltar conhecimento e capacidade intelectual, será difícil beneficiar muitas pessoas. Com um aprendizado amplo, você será capaz de expandir seu leque de atividades e influenciar um número maior de pessoas. Essa é a razão pela qual digo que o conhecimento é importante – o conhecimento sustenta o amor.

E quanto ao Princípio da Autorreflexão? Por que precisamos praticar a autorreflexão? Quando você achar que está praticando o "amor que se dá", deve verificar se esse é o tipo de amor que Deus espera de você. Muita gente pensa que está fazendo a coisa certa, mas na realidade se desviou do caminho correto. Embora acreditem que estão praticando o "amor que se dá", o que ocorre é que se tornam tão cegas ao dar amor que acabam prejudicando aqueles que o recebem. Essas pessoas podem ter sido motivadas no início por um sentimento puro, mas depois acabam gradualmente esquecendo esse sentimento e trocando-o pelo desejo de obter o reconhecimento dos outros. Talvez elas queiram agora vangloriar-se das coisas boas que fizeram para justificar os seus motivos. Assim, embora o sentimento original fosse puro, é muito fácil para um ser humano comum se esquecer de sua intenção original e se afastar dela. Por isso, precisamos praticar a reflexão, para nos colocarmos de volta na direção correta. Dessa forma, a reflexão é praticada em benefício do amor.

O quarto princípio dos Quatro Corretos Caminhos, o do Desenvolvimento, também é exercitado em favor do amor. Quando o amor se tornar poderoso, quando for expressado com grande intensidade, irá influenciar cada vez mais um grande número de pessoas. Ao descobrir um amor poderoso dentro de si, você sentirá vontade de ajudar o maior número possível de pessoas, de proporcionar muitos sorrisos e muita alegria. O desenvolvimento significa, na realidade, a expansão do amor. À medida que o amor cresce e se torna maior, os ideais inerentes a ele também se ampliam, e isso é o que chamamos de desenvolvimento.

Alguns podem considerar os Quatro Corretos Caminhos difíceis de serem seguidos, mas no final, todos eles conduzem de volta ao amor. O conhecimento, a reflexão e o desenvolvimento são simplesmente maneiras de tornar o amor mais forte, mais abrangente e mais maravilhoso.

O princípio mais elementar que os membros da Happy Science precisam observar é a "Busca do

Correto Coração". Ele pode ser considerado um conjunto de diretrizes que os membros devem seguir. Para usar uma expressão antiquada, seriam os "Mandamentos", e o conceito por trás desse princípio poderia ser resumido assim: "Se você pretende se desenvolver espiritualmente por meio do estudo das Verdades Divinas na Happy Science, o requisito mínimo é que você tenha o desejo de buscar o Correto Coração". Isso significa que, para ter boas intenções e expressá-las por meio de ações, você precisa adotar uma postura mínima, que é a atitude de buscar um Correto Coração.

Em resumo: o ato de dar amor é o que Deus espera de nós. Amar o próximo em nome de Deus, atuando como parte d'Ele, é mais importante do que qualquer outra tarefa no mundo. Se nos foi confiada uma tarefa tão importante, devemos refletir diariamente a respeito de nós mesmos para nos certificarmos de que não estamos tendo pensamentos errôneos ou nos deixando levar por ações incorretas. Esse é o nosso dever sagrado. Se devemos nos tornar parte de Deus, se devemos nos tornar Seus representantes e cumprir essa tarefa, precisamos nos lembrar diariamente de como é vital fazer um bom trabalho, seguindo o preceito de "Buscar o Correto Coração".

A tarefa de carregar um buquê de amor e oferecer uma de suas flores gratuitamente a cada pessoa que encontrarmos pelo caminho, sem esperar nada em troca, exige qualificação. Se você iniciar esse trabalho com um estado de espírito equivocado, então as flores não mais serão gratuitas nem irão encher de felicidade o coração daqueles que as receberem. Por isso, procure esforçar-se sempre para explorar a qualidade que chamamos de "Correto Coração".

Capítulo 3

A PRÁTICA DO
"AMOR QUE NUTRE"

Gostaria de analisar agora o que significa nutrir os outros do ponto de vista espiritual. Isso não é fácil de fazer e não existe um limite a ser alcançado para que você possa dizer que conseguiu trazer à tona o melhor de uma pessoa. Talvez seja possível orientá-la individualmente, se você se dedicar. Entretanto, quando se trata de nutrir um grande número, a capacidade exigida é ilimitada. Por maior que seja a sua capacidade, infelizmente não é fácil incentivar o crescimento de um grande número de pessoas de uma maneira que resulte adequada para cada um deles individualmente.

Existem duas condições necessárias para nutrir o próximo. A primeira delas é ter inteligência ou conhecimento, sendo versátil e tendo a capacidade de pensar de diferentes maneiras. Para analisar o que você pode fazer para ajudar alguém a se desenvolver, precisa ter um leque amplo de conhecimentos que sirvam de apoio. Além disso, você deve ser capaz de prever o resultado de suas ações com base em tais recursos.

Caso não consiga prever como uma pessoa vai reagir a algo que você faz ou em relação a determinada orientação, ou compreender qual será o resultado dos seus esforços – em outras palavras, se não tiver compreensão do processo de causa e efeito –, jamais será capaz de orientar corretamente os demais.

Na verdade, o Conhecimento ao qual me refiro, que é um dos Quatro Corretos Caminhos, pode ser definido como sendo a capacidade de enxergar e compreender o processo de causa e efeito. Significa ter a capacidade de entender a relação entre as sementes que você plantou agora e a colheita que virá depois. Essa capacidade pode ser obtida pela leitura de vários livros ou adquirindo-se uma ampla gama de informações.

Outro requisito importante para que se possa nutrir os demais espiritualmente é ter experiência. Claro, para adquirir experiência em geral é necessário tentar realizar algo e passar por um processo de tentativa e erro que, muitas vezes, resulta em fracasso. Apesar disso, pelo menos esse fracasso indica o que não deve ser feito ou como você não deve agir. Porém, existe um número limitado de padrões que afetam a maneira como o homem pensa e age em determinadas situações. Quando tiver adquirido certo grau de experiência, conseguirá reconhecer de que modo a pessoa irá reagir diante de um conjunto de situações em particular. Quanto mais experiência adquirir, maior será o número de pessoas que você será capaz de orientar em seu desenvolvimento. Como foi dito, tal experiência não se resume apenas aos sucessos obtidos, mas também aos fracassos. Se você fracassou em certo ponto de sua vida como resultado de algo que ocorreu, ao encontrar uma pessoa que esteja enfrentando uma situação semelhante, você será capaz de adverti-la quanto aos possíveis perigos.

Portanto, há dois segredos para a prática do "amor que nutre": aumentar seu conhecimento e ampliar sua experiência. Para que você seja capaz de praticá-lo, considerando, por exemplo, que você seja um executivo de uma empresa ou um professor, ou deverá ter uma capacidade intelectual desenvolvida pela educação ou ter um vasto estoque de experiências adquiridas.

Se você não possui esses atributos de conhecimento ou experiência, poderá escolher outro caminho, utilizando tais recursos de outra pessoa que os tenha e possa ajudá-lo. Você também será capaz de praticar o "amor que nutre" se puder encontrar alguém que tenha um vasto conhecimento e uma grande experiência, que lhe sirva como uma espécie de conselheiro pessoal. Para isso, você precisa ser o tipo de pessoa que alguém rico em conhecimento e experiência tenha vontade de ajudar. Isso quer dizer que você precisará ser flexível, modesto e ter disposição para aprender com os outros. Se puder fazer isso, conseguirá obter o conhecimento e a experiência de especialistas e orientar os outros, de forma a nutri-los.

A partir disso, podemos verificar que não é tão difícil praticar o amor fundamental – o amor praticado no nível pessoal, familiar e social, por exemplo, o amor entre pais e filhos, entre um homem e uma mulher, ou o amor entre amigos ou vizinhos. E é possível praticá-lo imediatamente. No entanto, a prática do "amor que nutre" requer disciplina e esforço. Leva-se tempo para dominá-lo. Quanto maior for o seu esforço para dominar o "amor que nutre", mais habilidade irá desenvolver, e você precisará continuar trabalhando nisso pelo resto da vida.

Os membros da Happy Science são repetidamente incentivados a estudar as Leis da Verdade. Isso porque, para passar do estágio do amor fundamental para o "amor que nutre", é preciso dominar um vasto conhecimento. Além disso, leva-se muito tempo para adquirir uma ampla gama de experiências, e há um limite para o número de coisas que podemos experimentar ao longo da vida. Entretanto, a sabedoria que levaria muito tempo para ser alcançada por meio da experiência já se encontra explicada de forma clara e simples nos livros espirituais; portanto, o conhecimento da Verdade irá permitir que você compreenda rapidamente aquilo que de outra forma levaria décadas para dominar. Quanto mais sabedoria adquirir, mais amplamente você poderá espalhar o amor por este mundo.

Capítulo 4

O "AMOR QUE
PERDOA"

---- ✺ ----

Em um nível acima do "amor que nutre" encontra-se o "amor que perdoa", um tipo de amor extremamente difícil de ser praticado. Para ser capaz de perdoar os outros, é preciso que a sua alma já tenha passado por certo número de desafios ou dificuldades. Se tiver dom e habilidade, poderá aprender a liderar e nutrir as pessoas, mas a capacidade de perdoar não é algo que se pode adquirir da noite para o dia.

Provavelmente, você fará todo o possível para evitar os problemas, as dificuldades e a tristeza; isso é um comportamento natural e esperado. Porém, todos esses fatores aparentemente negativos se tornarão uma grande vantagem quando você precisar enfrentar uma situação que exija o perdão. Mesmo que seja abençoado com grandes dons e habilidades, precisará ter passado por situações adversas, dificuldades e privações antes que a sua verdadeira força possa brilhar. Da mesma forma que o ferro precisa ser aquecido, forjado e depois temperado antes de se transformar numa espada verdadeiramente forte, as pessoas precisam passar por diversas experiências e dificuldades antes de atingirem um estado em que sejam capazes de perdoar o próximo.

Eu gostaria de dizer que, mesmo que você tenha cometido muitos erros no passado, ainda existe um meio de transformá-los em sua vantagem. Quanto mais pensamentos equivocados você teve ou quanto mais atitudes erradas cometeu no passado, maior o seu potencial para se tornar um bom líder. Para conseguir perdoar o próximo, você precisa ter um conhecimento prévio sobre as dificuldades que as pessoas enfrentam e compreender o sofrimento delas. É realmente muito difícil tentar perdoar os outros se você não conseguir compreender por que eles estão sofrendo.

No estágio de aperfeiçoamento espiritual do "amor que nutre", é importante observar o conceito de justiça, ou seja, você deve aprender a distinguir entre o que é certo e o que é errado. Os líderes precisam ser capazes de ensinar aos outros que é necessário se desfazer do que estiver errado e escolher o que é certo. Na medida em que você se esforçar dessa maneira, poderá se transformar num líder.

Entretanto, há um estágio que vai mais além desse, pois os indivíduos que estão enfrentando dificuldades no aprimoramento espiritual precisam ser auxiliados. Existem pessoas que desistem no meio do treinamento, algumas se desviam e outras tropeçam pelo caminho. Se não houver algo ou alguém que as envolva e proteja, ninguém mais será capaz de acreditar que este mundo e os seres humanos são criações de Deus. Se Ele sorrisse somente para aqueles que foram bem-sucedidos e não para os que fracassaram, se Ele só amasse aqueles que obedeceram aos Seus mandamentos e não aqueles que os quebraram ou que não os seguiram, então as pessoas não iriam mais ser capazes de acreditar neste mundo.

A maioria das pessoas está aprendendo, numa escala limitada, a deixar de lado o mal e escolher o bem, mas numa escala muito maior existe um amor grandioso que acolhe a todos, indistintamente. Esse amor é o que permite que as pessoas vivam como seres humanos e continuem a viver neste mundo.

Os Espíritos Superiores nos ensinam que devemos escolher o bem, decidir pelo que é correto e seguir em direção a Deus. No entanto, no mundo que existe além deste há um local chamado Inferno, onde vivem Satã e os espíritos malignos. Esses espíritos malignos vêm constantemente à Terra para tentar desviar as pessoas do seu caminho e fazê-las sofrer.

Esses espíritos que vivem no Inferno são aqueles que fracassaram nas provações da vida, como estudantes que largaram a escola. Talvez você pense que o mundo seria um lugar muito melhor se tais espíritos fossem destruídos, mas a verdade é que eles têm permissão para continuar existindo e prosseguindo com suas atividades negativas. Esse fato demonstra o grandioso espírito de perdão que transcende o bem e o mal que vemos na vida cotidiana.

Essa grandiosa compaixão não se aplica somente aos outros; pense no que acontece com você quando comete algum erro. Errar faz parte da vida, e todos fracassam em atingir seus objetivos de vez em quando. Se somente os bem-sucedidos fossem salvos e se deixassem perecer todos os outros que falharam, a raça humana já teria sido extinta há muito tempo. Entretanto, continuamente nos é dada uma nova chance e devemos ser gratos por esse fato, pois isso é o que nos encoraja. Saber que, mesmo tendo falhado desta vez, você terá outra chance e poderá viver por toda a eternidade a fim de se aperfeiçoar, deve enchê-lo de coragem para dar o melhor de si.

Procure compreender que o estágio do perdão é muito mais elevado do que o de nutrir espiritualmente o próximo; é um passo mais perto do estado divino. No estágio do "amor que nutre", é preciso ter conhecimento para diferenciar o bem do mal, o certo do errado. Saiba, no entanto, que existe algo maior e mais abrangente, que vai além dessa distinção.

Para alcançar esse nível, é preciso que sua alma tenha encarnado neste mundo centenas ou milhares de vezes, e enfrentado dificuldades e reveses. Essas experiências permitirão que você tenha misericórdia e se comova quando testemunhar a dor e a tristeza dos outros. Somente quando você tiver passado por inúmeras dificuldades é que sentirá brotar de seu coração a misericórdia.

Pode-se dizer que, em geral, o amor é uma força igualitária que se estende horizontalmente, enquanto a misericórdia se move verticalmente, de cima para baixo. A misericórdia flui dos reinos mais elevados para os mais inferiores. À medida que continuamos a evoluir espiritualmente por meio da autodisciplina, vamos adquirindo gradualmente uma capacidade maior de amar. O sustentáculo espiritual que adquirimos para nossa alma ao longo de inúmeras reencarnações se transformará numa força que se junta ao grande rio do amor, que se origina em Deus e flui por todas as dimensões.

    A misericórdia é o coração que jamais para de amar o próximo. É como uma nascente que nunca seca. Para chegar a esse estágio, você precisará ter passado por várias experiências difíceis e ainda manter uma atitude de gratidão pelas dificuldades que surgirem, repetindo para si mesmo que elas representam uma bênção, pois através delas você pode refinar sua alma. Na verdade, em minha filosofia do "Pensamento Vencedor", ensino que todas as experiências vivenciadas aqui na Terra podem ser transformadas em algo positivo. Se você analisar sua vida por uma perspectiva mais ampla, em vez de olhar as poucas décadas que passou aqui na Terra, vai comprovar que isso é verdade.

    Mesmo que esteja estudando as Leis da Verdade e se esforçando dia e noite para se aperfeiçoar, é provável que de vez em quando tenha de enfrentar dificuldades. Talvez não compreenda por que deve ser testado tão duramente, mas, em vez de reclamar, perceba que na verdade você está recebendo uma grande oportunidade para se desenvolver.

    Para aqueles que são bem-sucedidos, é fácil orientar e nutrir os outros; mas, para conseguirem perdoar, precisarão ter passado tanto pelo sucesso como pelo fracasso. Quando tiver aprendido com o sucesso e com o fracasso, desenvolverá uma elevada capacidade de amar e será capaz de perdoar cada uma das pessoas que encontrar na vida. Isso é o que Deus espera de nós, e jamais devemos nos esquecer disso.

Parte II:

A PERSPECTIVA NECESSÁRIA PARA A JORNADA RUMO À INDEPENDÊNCIA

Capítulo 5

UM PONTO DE PARTIDA
COMUM

Dentre os muitos livros que escrevi, há um chamado *Starting from the Ordinary (Partindo do Comum, título ainda não disponível em português)*. Nele, apresento a história da minha vida quase em forma de autobiografia, na expectativa de que ela possa servir como um raio de esperança para aqueles que ainda não encontraram a Verdade Divina, para aqueles que ainda não despertaram para o verdadeiro significado da vida e sua verdadeira missão neste mundo, e para aqueles que se consideram pessoas comuns. Espero que minhas experiências sirvam como um exemplo a seguir, se eles quiserem encontrar um caminho em direção à luz por meio de seus próprios esforços.

Os temas centrais do livro são a importância da disciplina espiritual e a busca da iluminação. Em vez de explicar o que é iluminação, concentrei-me em descrever o processo para chegar ao portal que nos conduz a ela. Você encontrará nesse livro alguns pontos que poderão servir de diretrizes. O livro não foi escrito apenas para os meus leitores, mas também como um lembrete para que eu mesmo não fique acomodado. Sempre que o leio, relembro da importância de voltar ao ponto de origem, de retornar ao ponto de onde comecei minha jornada.

Escrevi esse livro em junho de 1988 e, desde então, a Happy Science, instituição da qual sou presidente, obteve um crescimento significativo. Enquanto a organização crescia em tamanho e importância, paralelamente também precisei mudar, o que resultou em mudanças na maneira como expresso meus pensamentos por ações e palavras. No entanto, a verdade é que, não importa o que façamos, não devemos nunca nos esquecer de nossa origem. Devemos também procurar retornar sempre à nossa base, do contrário podemos nos desviar do caminho correto. Eu mesmo acredito firmemente nesta verdade.

Os capítulos a seguir foram publicados originalmente como palestras no livro *Starting from the*

Ordinary. Espero que as dicas úteis que eles contêm possam enriquecer sua vida.

Sustentar um Pensamento

Quando estava com uns dez anos de idade, eu tinha duas ambições. Uma era me tornar professor universitário – queria muito seguir carreira no meio acadêmico. A outra era me tornar diplomata; esta ambição era tão forte quanto a primeira. Não sabia por que eu tinha dois sonhos tão diferentes, mas continuei mantendo-os pelos dez anos seguintes. Somente quando cheguei à atual ocupação é que compreendi que existiam duas almas distintas dentro de mim, e que essa era a principal razão dessa dupla aspiração. Uma das almas era meditativa e a outra, expansiva. Por causa desses dois espíritos diferentes que existiam dentro de mim, acabei desenvolvendo tanto tendências introspectivas como extrovertidas, que começaram a se manifestar ainda na minha adolescência.

Embora o resultado não tenha sido exatamente como eu planejara, ambos os sonhos se realizaram. Se você puder manter o mesmo sonho por dez ou vinte anos, ele acabará ganhando forma. Ao ler livros sobre autorrealização e sucesso pessoal, ficava impressionado com o fato de que algumas pessoas diziam ser capazes de realizar seus sonhos usando a força de vontade. Hoje, estou convencido disso, pois comprovei esta verdade com minha própria experiência.

Qualquer pessoa pode ter sonhos ou ambições por um período curto, mas são poucas as que conseguem manter seus sonhos por um longo tempo. Isso pode parecer estranho, mas acredito que uma das causas seja o fato de que as pessoas tendem a olhar para si mesmas como sendo de alguma forma excepcionais. Uma característica comum àqueles que se consideram talentosos ou espertos é que eles se distraem com facilidade. Ficam constantemente mudando o foco de sua atenção para algo novo e tendem a pôr sua habilidade à prova em diversas coisas. Como resultado, poucos conseguem alcançar o verdadeiro sucesso. A atenção deles está sempre passando rapidamente de um ponto para outro e não conseguem se concentrar num único tema.

O mesmo ocorre com as crianças. Aquelas que possuem uma inteligência acima da média são fascinadas pelas mudanças no ambiente e facilmente estimuladas por elas. Por outro lado, têm dificuldade para se concentrar em algo e costumam não ficar paradas, indo de uma atividade para outra. Em contrapartida, as crianças que de algum modo sabem que não são tão excepcionais, conseguem concentrar tanto a atenção numa determinada atividade, que tendem a ignorar o que ocorre ao redor. Essas crianças podem parecer tolas ou medíocres aos olhos dos pais ou amigos, mas, ao contrário das expectativas, a longo prazo essa tenacidade e a capacidade de se concentrar num único assunto podem gerar transformações surpreendentes.

Melhorar pelo Esforço

Um Ambiente Favorável à Introspecção

Quando eu era criança, minha família morava numa casa pequena, mas havia outro imóvel anexo a ela. Após o jantar, costumava pegar meus livros e ir estudar naquele lugar. Como não ficava no mesmo terreno, precisava caminhar uns 200 metros pela rua e dobrar a esquina para chegar ao prédio.

O andar térreo havia sido utilizado como uma fábrica, mas naquela época estava vazio. Passava direto por ali e subia as escadas até chegar a uma sala no primeiro andar. Quando acendia a luz, via aranhas enormes e outros insetos correndo para se esconder, e eu sempre achava o local bastante assustador. O prédio dava de fundos para um vale onde viviam inúmeras criaturas. Havia gafanhotos e até cobras ali, então sempre tomava cuidado ao entrar no prédio.

Comecei a utilizar aquela sala para os meus estudos quando estava com uns dez ou onze anos, e o resultado disso foi que acabei desenvolvendo o hábito de pensar sozinho a respeito de diferentes assuntos. Depois de ler um vasto número de biografias e autobiografias, hoje percebo que quase todos os grandes escritores e pensadores tinham um local secreto onde costumavam ir quando crianças. Um dos mais famosos escritores japoneses, Soseki Natsume (1867-1916), escreveu: "Quando era criança, costumava brincar sozinho no galpão de casa". Era um local onde se guardavam os bens da família, e ele ficava ali lendo livros, olhando gravuras ou estudando a coleção de cerâmicas da família. O resultado disso é que ele cresceu e se tornou único, com uma personalidade bastante peculiar.

Não há como prever o que poderá, mais tarde, nos trazer vantagens na vida. Eu pensava que havia começado a praticar meditação quando estava com uns vinte anos, mas depois cheguei à conclusão de que já havia começado a me preparar quando ainda estava no primário. Ainda hoje me lembro das ocasiões em que ficava escrevendo poesias e escutando o barulho dos insetos que vinham me visitar naquela sala.

Como não havia aquecedor no local, durante o inverno eu costumava usar uma jaqueta, luvas, um gorro que cobria a cabeça e parte do rosto e enrolava as pernas com um cobertor velho, para tentar me aquecer. Hoje em dia quase ninguém precisa segurar o lápis com uma luva ou usar um gorro daqueles para se manter longe do frio, mesmo no auge do inverno, mas havia tanta corrente de ar por ali que eu não tinha outra opção a não ser me vestir assim para conseguir estudar.

Embora estivesse estudando as matérias normais da escola, como geografia ou história geral, experimentei algo parecido ao que os monges devem sentir. Senti uma nobreza indescritível nessa experiência que veio com a disciplina espiritual. Deve haver dentre os meus leitores aqueles que tiveram uma sensação parecida – devido a lembranças ocultas de vidas passadas como monges ou freiras. Aqueles que passaram por algum tipo de treinamento religioso numa vida anterior, mantêm um respeito inconsciente pela disciplina espiritual.

A crença de que há um mérito imensurável em se dedicar a uma causa nobre não é algo que possa ser aprendido; esse tipo de valor é algo que você já traz consigo ao nascer. Esse é um sentimento para o qual se desperta enquanto criança e que se torna gradualmente mais intenso, até se consolidar e fazer parte da própria personalidade. Se você analisar sua vida e perceber que alguma vez teve esse tipo de sentimento, terá a prova de que em vidas passadas você já passou por algum tipo de treinamento espiritual.

Posso dizer que as pessoas que apreciam o aprimoramento espiritual em si, mesmo sem compreenderem seu objetivo, nasceram nas épocas sem Grandes Espíritos Guias de Luz, quando havia apenas discípulos encarregados. Durante esses períodos, os aspirantes eram constantemente ensinados que o treinamento espiritual por si só já era um objetivo, e deveriam fazê-lo mesmo sem entender a razão.

As pessoas que compreendem claramente o motivo pelo qual devem passar pelo treinamento são aquelas que viveram na época em que algum Grande Espírito de Luz estava pregando sua doutrina na Terra. Por outro lado, aqueles que não compreendem muito bem, mas assim mesmo apreciam a disciplina espiritual, nasceram quando os discípulos dos Grandes Espíritos estavam encarregados de dar continuidade à pregação de alguma doutrina e estudaram sob sua orientação. Se você refletir profundamente, saberá reconhecer a qual grupo pertence.

O Autocontrole É a Maior de Todas as Habilidades

Eu aprendi o autocontrole quando ainda era pequeno, e acredito que isso teve um grande papel no meu desenvolvimento. Quando reflito a respeito de minha infância, percebo que isso ocorreu porque tive uma perfeita compreensão das minhas deficiências e não estava satisfeito com o que eu era. Tinha uma motivação muito forte para fazer algo para melhorar.

O autocontrole por si só é uma habilidade. Existem várias outras habilidades mais óbvias, mas o desejo de melhorar a si mesmo e superar as próprias fraquezas ou, em outras palavras, ter o domínio de si mesmo é uma qualidade muito valiosa. De certa maneira, pode-se dizer que essa é uma habilidade divina. Não é algo que possa ser adquirido na escola ou no trabalho, mas essa habilidade significa que você se torna dono de si mesmo. Se você possuir essa capacidade, ela o ajudará a abrir inúmeras oportunidades novas.

Às vezes nos surpreendemos com uma visão completamente inesperada da natureza como, por exemplo, a água brotando de um local obviamente improvável, como a fenda de uma rocha, ou a grama que se desenvolve num rochedo. Assim como a natureza nos ensina com esses exemplos, aprendemos que, com a capacidade de dominar a si mesmo, você será capaz de superar qualquer dificuldade que surgir pelo caminho e encontrar uma saída.

Se você tem filhos, talvez esteja pensando no tipo de educação que pode oferecer a eles. Talvez lhes proporcione a oportunidade de estudarem música ou praticarem esportes, de acordo com suas habilidades. Porém, se você se preocupar somente com a técnica e os resultados decorrentes, isso não será suficiente. É muito mais importante ensiná-los sobre o espírito que existe por trás de cada treinamento, ou seja, a importância da atitude de procurar superar as próprias limitações e se tornar um ser humano magnífico. Esse é o maior presente que os pais podem dar aos filhos, e isso lhes será muito útil, mesmo que eles tenham de partir deste mundo antes que estejam completamente crescidos.

Quando era criança, eu costumava dizer a mim mesmo que, mesmo que não conseguisse fazer tanto quanto os outros em uma hora, se me concentrasse por três ou quatro horas acabaria sendo capaz de realizar o mesmo feito. Também sempre pensei que, se alguém desistisse de algo depois de um ano, e eu não desistisse e continuasse trabalhando na mesma coisa por quatro ou cinco anos, acabaria alcançando aquela pessoa. Esse tipo de pensamento constitui a base da minha filosofia.

Antes de chegar onde estou agora, passei por vários desvios. Embora às vezes os considerasse meros desperdícios de energia, hoje compreendo que, na realidade, eles serviram para aumentar a capacidade da minha alma. Num determinado momento, o esforço continuado faz surgir uma incrível mudança na situação de uma pessoa; geralmente, é como se ocorresse uma reação química. Não há como prever o momento em que isso vai acontecer, mas, se você continuar se dedicando a algo importante, um dia esse esforço fará surgir à sua frente uma oportunidade completamente inesperada.

O Extraordinário em Meio ao Ordinário

Emitir Luz

Quando era jovem, eu costumava pensar que, se continuasse a brilhar, não importa o quão pequeno fosse meu mundo ou modesta fosse minha realidade, isso me traria grandes esperanças e oportunidades. Ainda hoje acredito que isso seja verdade. Muitas pessoas podem achar que não foram abençoadas por um ambiente ou circunstâncias favoráveis, mas elas não devem ficar sonhando com um estrelato meteórico. Não importa o quão diminuta seja a realidade em que vivam, elas devem se esforçar para aumentar a própria luz, no ambiente exato em que se encontram ou na posição que ocupam agora.

Vou ilustrar o que estou dizendo com outro exemplo. Um diamante atrairá a atenção das pessoas mesmo que esteja jogado na margem de um rio. Se de alguma forma seu brilho estiver sendo encoberto ou se sua superfície estiver suja, o diamante poderá ser ignorado. Entretanto, se ele continuar a emitir seu brilho, acabará sendo encontrado e recolhido, para ser colocado num local mais apropriado. Há sempre uma resposta à luz.

Em meu livro intitulado *Pensamento Vencedor*, escrevi sobre o tema "encontrar alguém que seja valioso para você". Na verdade, muitas pessoas deste mundo estão atentas a outras pessoas que possam ajudá-las e, mesmo que você não tenha consciência disso, em algum lugar alguém pode estar, neste exato momento, avaliando sua competência. Alguém que não esteja necessariamente ligado ao campo profissional no qual você se esforça para progredir, talvez o veja por uma perspectiva completamente diferente e o ajude a progredir. Esse é o significado de se encontrar uma pessoa "valiosa". Como sempre existe essa possibilidade, é fundamental que você emita uma poderosa aura de luz. Se um encontro desse tipo ainda não ocorreu na sua vida, você pode concluir que é porque sua luz é muito pequena e fraca.

Do Autocontrole para o Amor

Uma pessoa que foi descoberta por alguém e teve oportunidade de alcançar o sucesso irá querer, por sua vez, descobrir outra pessoa que tenha talento, para poder tirá-la da estagnação de uma vida banal, ajudando-a a se tornar alguém brilhante. Essa é uma característica daquelas pessoas que aprenderam a brilhar sozinhas com base no próprio esforço.

Neste mundo, há também aqueles que se consideram especiais e que nasceram superiores aos demais. Uma característica desse tipo de ilusão é que são pessoas que costumam ser frias com os outros, chegando até mesmo a ignorar sua existência. Agem como se estivessem caminhando nas nuvens, ignorando as formigas e outras formas de vida minúsculas que vivem sob seus pés.

Por outro lado, aqueles que, partindo de uma vida banal e estagnada, conseguiram chegar ao sucesso pelo próprio esforço, são absolutamente incapazes de ficar indiferentes aos outros. Tais pessoas têm um desejo enorme de encontrar e ajudar aqueles que estão presos ao lodo da mediocridade, exatamente como elas já estiveram um dia. Essa é a maneira pela qual o espírito do autoaperfeiçoamento e o esforço continuado se transformam em amor. Mesmo que você seja bem-sucedido no autocontrole e faça um esforço constante para atingir seus objetivos, se os frutos desse esforço não trouxerem felicidade ao próximo, ele terá sido em vão. Aqueles que se preocupam apenas consigo mesmos e usam a força de vontade somente para a própria evolução, acabarão solitários no fim da vida.

Uma pessoa que alcançou uma posição elevada na sociedade e que, apesar disso, acabou seus dias em meio à solidão, foi posta de lado pelos amigos e familiares, talvez tenha dedicado a vida inteira unicamente para a obtenção de benefícios pessoais e tenha sido negligente em amar o próximo. Provavelmente ela não se esforçou muito para ajudar os outros a desenvolverem todo o seu potencial, mesmo tendo tido inúmeras oportunidades de fazê-lo. Quem reclama que, apesar de sua trajetória brilhante, agora está sofrendo muito por causa das adversidades da vida, saberá sem dúvida que isso se aplica a ela. Pessoas que se tornaram muito poderosas mas que, ao emitir sua luz, ofuscaram muitos outros e os fizeram sofrer, saberão que este é o fim que espera por elas. Aqueles que se consideram naturalmente superiores, talvez achem que merecem um tratamento diferenciado, ser o centro das atenções. Mas, se continuarem a agir desse modo, terminarão seus dias de uma forma triste e fria.

Por outro lado, aqueles que se consideram bem comuns, mas suficientemente abençoados para brilharem pelo próprio esforço, serão sempre humildes. Essas pessoas acreditam que a principal razão pela qual conseguiram progredir na vida foi porque receberam a ajuda de muita gente e, assim, nunca deixarão de serem gratos. Para ser bem-sucedido na vida, lembre-se de nunca perder a humildade nem a gratidão.

Existem inúmeras pessoas talentosas, mas nem todas necessariamente serão bem-sucedidas. Isso ocorre porque muitas delas ficam tão deslumbradas com a própria capacidade que deixam de ser humildes. No momento em que isso acontece, elas ficam sujeitas a contratempos. Quando se esquecem da gratidão em relação ao próximo, acabam imersas em seu próprio mundo, o que as leva ao isolamento. Basicamente, o problema é que, quando estiverem em perigo, não haverá ninguém em volta para estender a mão e ajudá-las.

Evitar uma Queda
Existem pessoas ambiciosas que conseguem alcançar o sucesso e chegar ao topo pelos próprios esforços extenuantes. No entanto, se elas se tornarem convencidas e arrogantes em relação à própria capacidade, esquecendo-se da gratidão e da humildade, após a morte irão para o reino dos egoístas. É um lugar destinado àqueles que não pensam nos demais e se preocupam

somente com a própria reputação, um local para quem olha para os outros despreocupadamente, como quem observa a paisagem da janela de um trem em constante movimento.

Talvez você já tenha ouvido alguma vez a fábula de Esopo, *O Vento Norte e o Sol*. Disputando para ver qual dos dois era o mais forte, o vento e o sol tentariam fazer com que um viajante tirasse o casaco. O vento soprou e tentou remover o casaco do homem à força, mas não conseguiu. O Sol, entretanto, conquistou a vitória apenas sorrindo gentilmente para o viajante. Na vida real também podem ocorrer situações semelhantes. Em vez de pensar só em si e acabar no reino dos egoístas após a morte, com certeza é muito melhor partir de um ponto normal e se concentrar em se tornar uma pessoa repleta de amor. Quando você decide atingir esse objetivo, o importante é acumular resultados positivos.

Nos primeiros três anos após a fundação da Happy Science, adotei uma postura extremamente cautelosa e impus a mim mesmo e a todos os membros da organização uma política voltada para a obtenção contínua de resultados. Evitei uma expansão rápida do número de associados, sem que a base estivesse suficientemente sólida. Continuei afirmando que: "Obter o sucesso repentino é impossível. Mesmo que consigamos realizar algo notável num curto espaço de tempo, esse tipo de sucesso geralmente é efêmero. É muito mais prudente se concentrar no desenvolvimento fundamentado num crescimento gradual, passo a passo".

Mesmo que você tenha talento e um enorme potencial, mesmo que seja um enorme diamante, não poderá brilhar sem antes passar por um longo processo de lapidação. Além disso, mesmo que comece a cintilar, o brilho logo irá diminuir se você não for polido regularmente.

Os seres humanos são todos filhos de Deus, e todos têm uma natureza divina dentro de si. No entanto, enquanto você não despertar para essa verdade e recuperar sua pureza original, enquanto não começar a distribuir sua própria luz divina por meio do esforço para se aprimorar, continuará sendo uma pessoa comum, que começou esta vida terrena sem nada, como um bebê. Jamais se esqueça dessa verdade. Volto a repetir, mesmo que você seja um Grande Espírito Guia de Luz, terá de começar a vida neste mundo sem absolutamente nada. Esse é um dos fundamentos da Lei da Verdade.

Mesmo que alcance o sucesso uma ou duas vezes e se torne o centro das atenções, se você se tornar orgulhoso demais, sua fama será passageira. As pessoas que caem nessa armadilha são excessivamente otimistas. Na verdade, ao estudar as escrituras budistas, verá que Buda Shakyamuni advertia as pessoas repetidas vezes para terem cuidado com a queda por causa do orgulho excessivo.

Como seres humanos, podemos cair facilmente na armadilha de acharmos que sabemos tudo e somos especiais. Por isso, devemos nos lembrar de que cada indivíduo, não importa quem seja, começou do nada e que, para atingir o sucesso neste mundo, precisamos continuar caminhando sem parar pela estrada da vida, senão acharemos que somos excepcionais simplesmente porque alcançamos um pequeno sucesso. O resultado desse pensamento deturpado é que, em vez de darmos amor, acabamos cobrando o amor do próximo. Devemos estar sempre atentos para evitar que isso ocorra.

As Descobertas

As Descobertas Permitem um Grande Avanço
Existe um tesouro precioso que permite a uma pessoa comum se tornar um membro notável e promissor da sociedade, capaz de contribuir para o mundo em que vive. Esse tesouro é a "descoberta".

É essencial descobrir algo novo a cada dia, a cada ano que passa. Aqueles que simplesmente passam pela vida sem ter nenhum objetivo específico, acabarão construindo um futuro condizente com essa atitude. No entanto, aqueles que jamais deixam de fazer alguma descoberta terão um futuro repleto de crescimento e de desenvolvimento.

Muito tempo atrás, a *Matsushita Electric Industry* (conhecida internacionalmente por Panasonic) organizou um Seminário sobre Administração para os líderes empresariais japoneses. O palestrante era Konosuke Matsushita (1894-1989), fundador da empresa, e o público presente à palestra queria saber qual era o segredo de seu enorme sucesso. Konosuke fez uma apresentação sobre sua "teoria da represa", sugerindo que uma empresa nunca sabe quando terá de enfrentar uma crise e que, portanto, é essencial criar uma ampla reserva de recursos, tal qual uma represa que armazena a água. Ele afirmou que seria impossível lidar com situações emergenciais se uma ampla reserva de recursos não tivesse sido armazenada.

Dando continuidade à sua palestra, no momento das perguntas e respostas, alguém lhe pediu uma explicação prática de como essa filosofia do "gerenciamento da represa" poderia ser implantada. Em resposta à pergunta, Konosuke disse simplesmente: "Eis uma pergunta para a qual não tenho uma resposta. A única coisa que posso dizer é que você somente conseguirá fazê-lo se realmente tiver vontade". Esse comentário causou um desapontamento geral, e o público não podia acreditar que uma pessoa tão notável como Konosuke Matsushita tivesse sido capaz de dar uma resposta tão vaga. Naturalmente, estavam esperando receber uma explicação clara de como implantar essa filosofia.

O encontro se encerrou e as pessoas começaram a conversar entre si, mas, dentre os presentes, havia uma pessoa que compreendeu perfeitamente o que Matsushita queria dizer. Esse homem era Kazuo Inamori, fundador da *Kyocera Corporation*. Ele decidiu colocar em prática o que havia aprendido naquele dia, e essa decisão resultou, mais tarde, no incrível sucesso de sua empresa. Inamori compreendeu que o sucesso depende do tipo de pensamento que se tem. A maioria dos presentes na palestra, no entanto, achou que o seminário havia sido uma perda de tempo, e que se o próprio Matsushita não sabia colocar em prática aquilo que pregava, então não deveria reunir as pessoas. De fato, Inamori foi o único que realmente compreendeu o segredo do sucesso de Matsushita.

Como se pode ver, quando você descobre algo que os outros deixam passar despercebido e assimila um novo conceito que fortalece sua própria filosofia, consegue dar um grande salto adiante. Não sei quantas pessoas foram capazes de tirar algum proveito dessa palestra de Matsushita, mas no mínimo, ela resultou no sucesso histórico da *Kyocera Corporation.*

Esse episódio mostra claramente que tudo começa com o que você pensa. É possível que a semente de um pensamento tanto gere um enorme sucesso quanto se transforme num fator que obstrua o desenvolvimento. Tudo começa com um pensamento – e isso não é apenas uma frase. Com base na minha própria experiência, afirmo que isso é absolutamente verdade.

Acumular Descobertas e Sabedoria

O mesmo pode ocorrer com aqueles que assistem às minhas palestras. Às vezes você pode sentir que determinada frase tocou seu coração. Não tenho como saber qual parte provocou esse efeito, mas caso isso ocorra, você estará vivendo um momento precioso, como se estivesse cavando em busca de ouro e de repente encontrasse uma grande pepita.

Esses momentos de descoberta são diferentes de uma pessoa para outra, e o que pode ser uma palavra-chave para você, talvez não tenha nenhum significado para outra pessoa. Pode-se dizer o mesmo em relação à leitura de livros, mas o fato é que às vezes uma simples descoberta pode ter um efeito enorme na vida de alguém.

    Observando aqueles que se tornaram líderes e orientam os demais, é obvio que o conhecimento deles não se limita ao que aprenderam na escola; aliás, eles possuem uma sabedoria decorrente das descobertas feitas ao longo de inúmeras experiências. É essa sabedoria que dá ao caráter deles a profundidade e a força necessárias para liderar os outros.

    Talvez você já tenha tido a oportunidade de assistir a alguma palestra proferida pelos orientadores da Happy Science. Qualquer coisa que aprenda ao ouvir as palestras será o resultado das descobertas valiosas que eles fizeram ao longo da vida. Uma palestra proferida por alguém que acumulou sabedoria por meio de descobertas, aproveitando todas as oportunidades surgidas da vida cotidiana, é sempre bastante enriquecedora. Por outro lado, uma palestra dada por uma pessoa que não fez muitas descobertas na vida parecerá monótona e superficial. Se os palestrantes viveram sem objetivo ou fizeram muitas descobertas significativas ao longo da vida, isso aos poucos ficará evidente e se refletirá na popularidade dos discursos.

    Ser experiente não significa apenas ter mais idade. A experiência é a soma de tudo o que uma pessoa foi capaz de descobrir e aproveitar ao longo da vida. Gostaria de enfatizar sobretudo aos jovens que, no que se refere às descobertas, o mais importante é a observação atenta. Enquanto se é jovem, o raciocínio está afiado, e por isso é mais fácil assimilar o conhecimento. Entretanto, se você quiser aumentar a qualidade das descobertas que faz, então faça uma observação muito mais atenta.

Assim, procure observar atentamente o maior número possível de pessoas, pois elas representam uma ampla fonte de informação. Analise a maneira de pensar e de agir de cada uma delas. Pergunte a si mesmo como age uma pessoa bem-sucedida diante de determinada situação e também aqueles que fracassaram ao enfrentar o mesmo problema. Ao dar continuidade a essa prática de observar as pessoas, você poderá acumular um vasto conhecimento sem precisar necessariamente passar pelas mesmas situações. Esse tipo de observação proporciona um aprendizado diferente daquele decorrente de suas próprias experiências pessoais. Esse é um ponto importante a ser lembrado.

Aprender com a Empatia

As opiniões diferem de uma pessoa para outra, mas quando ouvir algo que lhe pareça soar verdadeiro, adote essa visão como se fosse sua. O ponto de vista de uma pessoa em relação à vida não está protegido por direitos autorais; portanto, adote e incorpore ao seu próprio pensamento tudo aquilo que considerar bom. Mesmo que um conceito tenha sido originalmente formulado por outra pessoa, se você simpatizou com o que ela disse, significa que já havia dentro de você algo semelhante, mesmo sem que percebesse. Se para começar esse potencial não existisse dentro de você, o que ouviu não lhe soaria verdadeiro.

Portanto, se você juntar partes das opiniões de pessoas com as quais se identifica, poderá incorporá-las e assim aprimorar sua própria filosofia. Quando existe afinidade entre o doador e o receptor, significa que ambos compartilham, até certo ponto, as mesmas qualidades.

Aprender com o ponto de vista de outra pessoa não é o mesmo que copiá-la ou imitá-la. Se você sentir uma forte identificação com algo que uma pessoa diz, significa que você já possui algo semelhante em si mesmo. Por isso, procure aproveitar todas as oportunidades que surgirem para estudar o maior número possível de pessoas; depois, expresse o que aprendeu com suas próprias palavras. Se não agir assim e apenas ficar sentado, pensando, sem procurar aprender algo com cada oportunidade que se apresenta, você não será capaz de adquirir nada de significativo. Aprenda com o conhecimento, com as experiências e com as palavras das pessoas, então assimile tudo para o próprio enriquecimento.

Se for membro da Happy Science e ler continuamente as verdades espirituais, com frequência verá que está citando algo que foi lido. Isso é ótimo, pois demonstra que os trechos que você costuma repetir estão gradualmente se tornando parte de sua própria filosofia pessoal. Dessa forma, as pessoas podem se desenvolver infinitamente. Se não der valor às opiniões das outras pessoas e achar que é suficiente simplesmente expressar o próprio pensamento, nunca terá a oportunidade de contribuir para o crescimento de sua alma com a riqueza do conhecimento. Aliás, seus pontos de vista se tornarão bastante limitados. Tal qual uma planta, se sua mente consumir todos os nutrientes disponíveis, não poderá dar flores e frutos. Uma flor que tenha sido cortada do jardim e colocada num vaso com água, pode até chegar a desabrochar, mas ela acabará morrendo. Para que continue a se desenvolver, precisa ter as raízes na terra, para extrair do solo os nutrientes e a água de que necessita. Da mesma maneira, você tem de aprender a obter o nutriente e a água que sua alma requer para se desenvolver a partir da experiência dos outros.

É importante aproveitar todas as oportunidades para aprender com os outros, e somente assim você poderá descobrir o que existe de melhor dentro de si. Para encontrar um tesouro enterrado, você precisa de ferramentas. O conhecimento e a experiência são como pás ou enxadas criadas por meio do estudo. É por meio do que aprende com os outros que você será capaz de criar as ferramentas que lhe permitirão descobrir os tesouros ocultos em seu interior.

Determinação e Coragem

A coragem não é algo que você pode aprender na escola ou no trabalho, e ela é muito importante. Geralmente nós subimos os degraus da vida dando um passo por vez; entretanto, se nos enchermos de coragem, poderemos dar grandes saltos. Com coragem, mesmo aqueles que nem sequer imaginavam conseguem dar saltos gigantescos.

Aqueles que têm capacidade mas não conseguem sair do lugar, provavelmente estão carentes de coragem. A coragem provém de uma forte determinação e esta, por sua vez, surge quando é necessário fazer uma escolha. Embora existam diversos caminhos que levem ao sucesso, você só possui um corpo e, portanto, poderá seguir apenas por um caminho. Se você encontrar vários caminhos à sua frente, precisará escolher qual deles pegar, e sua escolha terá de ser única. Para tomar uma decisão é preciso bravura.

Tomar uma decisão significa abrir mão de todas as outras possibilidades. A fim de encontrar coragem para tomar uma decisão, você deverá saber escolher qual caminho vai abandonar e qual vai seguir. Para tomar uma decisão importante que afetará o curso de sua vida, precisará deixar de lado todas as outras possibilidades. Como é impossível ter tudo, você precisará decidir quais possibilidades irá descartar e quais irá aceitar.

Capítulo 6

INDEPENDÊNCIA

Responsabilidade e Capacidade da Alma

Se você quer continuar a se desenvolver, é extremamente importante ter um espírito de independência. Independência significa, em outras palavras, o desejo de desenvolver ao máximo sua personalidade e individualidade. Entretanto, ela pode dar origem a alguns problemas complexos, e um deles é como manter a harmonia com os outros enquanto você exerce livremente sua personalidade.

É bom ser independente, mas tenha a consciência de que, se o resultado dessa independência prejudicar a harmonia das pessoas ao seu redor, você estará agindo como uma pessoa irresponsável. Quando pessoas irresponsáveis adotam um estilo de vida independente, costumam trazer sofrimento àqueles que estão ao redor, por isso é essencial possuir um senso de responsabilidade aguçado.

Existem diversos critérios pelos quais podemos determinar a capacidade de uma pessoa, e um deles é a disposição para assumir responsabilidade pelo que faz. Em outras palavras, se você quiser saber que tipo de pessoa você é, qual a sua posição na sociedade e qual o seu valor, basta analisar até que ponto você está preparado para assumir responsabilidades. Esse é um ponto extremamente importante, porque as pessoas geralmente estão menos dispostas a isso do que gostariam de pensar.

Por assumir responsabilidades quero dizer não apenas ser responsável pela sua própria vida, mas também pela vida dos outros, e essa é uma qualidade essencial de um líder. O número de pessoas pelas quais você está disposto a se responsabilizar indica se você tem ou não a capacidade necessária para ser um líder. Aqueles que são liderados por uma pessoa irresponsável com certeza terão uma vida difícil.

Quando se trata de assumir responsabilidades, primeiro você precisa analisar sua própria situação de uma maneira absolutamente honesta. Se concluir que falhou no que estava fazendo, você precisa admitir que a responsabilidade é sua. Somente assim saberá o que precisará fazer em seguida. No entanto, se em vez disso você tentar jogar a culpa nas pessoas ao seu redor ou nas circunstâncias, jamais será capaz de melhorar seu futuro. A capacidade de admitir um erro, mesmo que isso o coloque numa situação difícil, é indispensável para que você desenvolva um grandioso espírito de independência.

Quando se comete um erro, nada mais natural do que tentar buscar as causas em fatores externos e não querer assumir a responsabilidade por ele. Aliás, talvez haja até um pouco de verdade nisso e, se as causas forem analisadas, você descubra que em geral a falha não é de uma única pessoa, mas de todos os envolvidos na situação. Por isso as pessoas preferem se proteger alegando que o erro é o resultado de uma série de fatores externos, que são usados em sua autodefesa. É uma forma de se consolar. Essa é uma reação bastante natural e, a menos que você compreenda esse sentimento e passe a pensar assim, os fracassos irão deixá-lo bastante nervoso e preocupado, impedindo que se recupere facilmente.

No entanto, você não se impressionará com uma pessoa que tenta justificar os próprios erros. Por outro lado, aquele que consegue assumir uma responsabilidade além do esperado será considerado excepcional. É muito fácil aplicar isso aos outros, mas é difícil adotar essa mesma perspectiva em relação a nós mesmos. Por isso, é preciso que você se empenhe e tente fazê-lo.

Certamente ficará claro se você fez ou não algo que tenha sido a causa direta de um problema, e às vezes você poderá evitar assumir a responsabilidade direta pelo incidente. No entanto, apesar de você poder alegar honestamente que não foi falha sua, ainda existe o que chamamos de "responsabilidade indireta".

Vamos usar o exemplo de uma mãe cujo filho levou um tombo enquanto brincava com outras crianças. Tudo o que ela consegue fazer é colocar a culpa nas outras crianças, mas há outra maneira de analisar a situação. Ela também poderia pensar que, embora seu filho tenha caído e se machucado porque outra criança o empurrou, a culpa pelo incidente também poderia ser atribuída a ela, por não ter percebido o perigo em potencial. Por essa perspectiva, ela pode assumir uma responsabilidade maior. Ela pode pensar: "A culpa é minha porque demorei demais fazendo compras, e acabou acontecendo isto" e assim deixará de culpar os outros. Se você admitir que possui uma parcela de responsabilidade pelo que ocorre, não irá culpar os outros.

Assumir responsabilidade é algo que está fortemente ligado à prática da autorreflexão baseada nos "Oito Corretos Caminhos", em especial à "Correta Expressão", na qual você reflete se magoou as pessoas com suas palavras. Se você achar que a culpa é de outra pessoa, provavelmente vai dizer coisas que irão magoá-la. Entretanto, se no exato momento em que for dizer alguma coisa, você conseguir parar e perceber que tem pelo menos uma responsabilidade secundária pelo incidente, poderá evitar falar de maneira ríspida. Mesmo que diga o que passa pela sua cabeça, sairá de modo mais suave. Não é fácil colocar isso em prática, mas ter consciência dessa verdade já é um bom começo. Se não estiver ciente disso, dificilmente aprenderá a assumir responsabilidades. Por isso, você deve ir ampliando em seu coração a capacidade de assumir responsabilidades. Se der continuidade a essa prática, o que inicialmente você considerava como responsabilidade irá se transformar em amor. Com certeza isso vai acontecer.

Superar Fracassos

É possível aprender muito com o fracasso. Mesmo que não se trate de um fracasso seu, tudo o que ocorre ao seu redor sempre lhe oferecerá uma oportunidade de aprendizado. Portanto, é essencial que você aprenda também com os erros ou fracassos dos outros. Ao adotar essa postura, você estará colocando em prática o que eu chamo de "Pensamento Vencedor" e, com ele, será capaz de vencer em qualquer situação da vida. Quando estiver diante de uma falha cometida, se você simplesmente concluir que isso não tem nada a ver com você e que não é problema seu, não vai aprender nada. Por outro lado, se admitir que o fato tem alguma relevância para você, poderá sempre aprender algo se analisar o incidente. Afinal de contas, uma pessoa grandiosa é aquela que aprendeu o maior número possível de lições do livro da vida.

Quando fracassar ou cometer erros, deve analisar cuidadosamente a situação para compreender como e por que aquilo ocorreu, para que nunca mais se repita. Assegure-se de que nunca agirá da mesma maneira que resultou no fracasso. Faça com que essa forma de pensar preencha profundamente o seu coração. Essa é a chave que permitirá descobrir a causa de quase todas as infelicidades e transformá-las em felicidade. Quando os erros e a infelicidade forem vistos pela perspectiva de uma terceira pessoa, ficará claro que tem origem na repetição dos mesmos erros. Saiba que apesar de ser evidente para quem analisa o problema de fora, para você que está diretamente envolvido na situação, nem sempre será possível enxergar a si próprio de modo objetivo.

No momento em que você perceber que está prestes a repetir o mesmo velho padrão que leva ao fracasso, precisa aprender a parar exatamente nesse ponto. Por favor, reflita sobre si mesmo e lembre-se do que ocorre quando você começa a falar de determinada maneira, examinando suas próprias tendências e analisando seu padrão de comportamento. Então, no futuro, quando perceber que está repetindo o padrão e falando da mesma maneira, será capaz de perceber o risco e evitá-lo. Muitas pessoas continuam repetindo os mesmos erros de novo e de novo, e não aprendem com eles. Se elas tiveram algum fracasso marcante no passado, no momento em que começar a surgir os primeiros sinais do padrão se repetindo, passarão a agir como se já tivessem fracassado. É como uma pessoa que começa a achar que pegou um resfriado quando vê alguém espirrando e, antes de se dar conta, já está agindo como se também estivesse resfriado. Dessa forma, o fracasso pode se tornar um reflexo condicionado.

Para alcançar a felicidade é preciso superar essa tendência negativa, por todos os meios disponíveis. Reveja os seus erros do passado e procure descobrir o padrão existente em todos eles, analisando como costuma reagir diante daquelas situações específicas e quais foram os resultados. Assim, você será capaz de perceber quando estiver prestes a incorrer no mesmo padrão e adotar as medidas necessárias para não repetir o mesmo erro. Quando perceber que está repetindo o padrão de comportamento que resultou em fracasso no passado, pare e procure reagir e pensar de forma diferente. Diga para si mesmo que não irá deixar que o erro se repita, e que não vai acabar na mesma situação de novo.

Todos têm seu próprio padrão de comportamento que resulta em fracasso, e a única coisa que pode evitar que ele se repita é a força de vontade da própria pessoa. Por exemplo, se na sua mente você sentir que vai errar de novo ou sofrer algum revés, ou se tiver o receio de que irá incomodar determinada pessoa-chave para os seus planos, esses pensamentos já serão suficientes para fazer com que tudo aconteça exatamente como você temia. Entretanto, se conseguir anular esses pensamentos negativos dentro do coração, a situação vai melhorar com certeza.

O mesmo pode ser dito sobre os relacionamentos pessoais. Depois de passar por uma experiência negativa no relacionamento com alguém, talvez você comece a acreditar que todas as outras pessoas agirão da mesma maneira e assim, ao perceber os primeiros indícios de uma possível ruptura, você assume que vai estragar o relacionamento de novo, ou que ele terminará em discussões. Quando isso acontecer, procure dizer a si mesmo que seus receios são infundados, pois cada pessoa reage de determinada maneira. Uma pessoa que se zangou com você ontem não necessariamente irá se zangar hoje; aliás, pode até ser que ela o elogie hoje. No entanto, se você começar a acreditar que ela ficará novamente zangada hoje e reagir com timidez, isso irá apenas aborrecê-la, levando a uma repetição do episódio do dia anterior. Convença-se do seguinte: um dia é diferente do outro. É como se nos fosse dada uma nova vida a cada dia.

A Verdade e a Economia

A Relação entre Situação Financeira e os Pensamentos

Agora, gostaria de abordar os sentimentos das pessoas em relação ao dinheiro, pois as questões financeiras estão intimamente ligadas à independência de uma pessoa. Infelizmente, muitos daqueles que buscam o lado espiritual não têm muita habilidade com questões financeiras. Aqueles que são pobres espiritualmente, acabarão experimentando a pobreza, pois o que existe no mundo do pensamento inevitavelmente se concretizará no mundo material. Por isso, é muito importante examinar cuidadosamente suas próprias tendências mentais O dinheiro escorre por entre os dedos daqueles que alimentam um sentimento de culpa, consciente ou inconscientemente, de que possuir dinheiro não é bom. Como consequência, sempre que recebem dinheiro são incapazes de mantê-lo por muito tempo, gastando tudo.

    Para cada pessoa, existe uma quantia de dinheiro com a qual ela se sente à vontade. Algumas não conseguem ficar tranquilas quando carregam mais do que algumas centenas de reais. Ficam preocupadas em serem roubadas ou em perderem o dinheiro, ou em gastarem-no com jogos de azar. Existem também aqueles que nunca andam com mais de vinte reais na carteira, e outros que se preocupam quando o saldo bancário ultrapassa determinado valor, ficando com medo de que possam perder dinheiro investindo de forma incorreta. Tais pessoas se sentem culpadas e inseguras quando o montante ultrapassa aquele limite psicológico e acabam sendo incapazes de juntar muito dinheiro. Pode parecer exagero, mas existem, de fato, pessoas que não são felizes se não estiverem endividadas. Há muitos que só se sentem bem quando têm empréstimos, para poderem ficar repetindo para si mesmas que não poderão morrer enquanto não tiverem pago tudo o que devem. Suas dívidas agem, assim, como um incentivo para o trabalho.

Os pensamentos, no entanto, sempre surgem antes das ações, e a primeira coisa que você deve fazer para evitar cair nesse tipo de armadilha é verificar a sua maneira de pensar. Você verá que seus pensamentos funcionam de acordo com certos padrões, sobretudo no que se refere às finanças. Aquele que se sente culpado por ser rico, sempre acabará ficando pobre. Logo que começar a ganhar dinheiro, fica desconfiado achando que alguma coisa está errada e não se convence de que terá paz. Assim, antes de se dar conta, terá perdido tudo o que conquistou devido a algum tipo de incidente. Embora talvez seja próspero no curto prazo, essa prosperidade não se mantém por muito tempo.

Para não se tornar uma dessas pessoas, você deve fazer planos para se tornar próspero no futuro. Planos que contribuam para a criação de um mundo melhor, de acordo com a riqueza que puder adquirir. Você precisa desenhar um quadro na tela da sua mente e fazer planos concretos para si mesmo sobre o que fará ao conquistar a riqueza que almeja. Se você limitar seus planos às necessidades financeiras domésticas, eles serão sempre limitados; mas, se quiser elaborar um plano em que seja necessária uma renda muito maior, desenhe na sua mente uma visão clara do futuro e convença-se dela por completo; a partir daí, acumular riquezas não mais lhe parecerá errado.

Não se trata de brincadeira, pois existe muita gente sofrendo por problemas financeiros. Muitas das doenças que enfraquecem o sistema digestivo, estômago e intestinos, tem origem no estresse decorrente da falta de dinheiro. A preocupação em não poder pagar as contas ou liquidar uma dívida vencida pode causar insônia que nenhum medicamento é capaz de aliviar, mas que desaparece a partir do momento em que os pagamentos são feitos. O único modo de fazer com que essas pessoas superem esse tipo de problema é mudar radicalmente a forma de pensar.

Trabalho Útil e Renda

De acordo com as Leis Espirituais que regem as questões financeiras, aqueles que realizarem um trabalho útil ao próximo serão recompensados proporcionalmente. O dinheiro possui um valor de troca; portanto, quem executa um trabalho útil será recompensado de acordo com o valor desse trabalho. Se você não estiver conseguindo ganhar muito dinheiro, pode ser que não esteja prestando verdadeiramente um serviço útil às pessoas ou que esteja tentando satisfazer apenas seus próprios interesses. Nesse caso, deve avaliar como poderia ser realmente útil aos outros. Em vez de ficar pensando em como ganhar dinheiro, primeiro deveria pensar em como poderia ser útil à sociedade como um todo.

Se você estiver fazendo um trabalho que é útil, naturalmente irá atrair o dinheiro. Se não consegue ganhar o suficiente, talvez o serviço que esteja prestando não seja suficientemente bom para as pessoas. Se o seu trabalho não satisfizer as pessoas, for ruim ou desnecessário, você não conseguirá ganhar muito dinheiro, e suas contas estarão sempre no vermelho. Se o que você ganha não cobre suas despesas, pergunte a si mesmo se está realmente prestando um serviço necessário aos outros. A partir do momento em que passar a se questionar se está oferecendo um bom serviço, começará a entrar mais dinheiro.

Algumas pessoas reclamam que, por estarem vendendo bons produtos a preços razoáveis, não conseguem obter muito lucro, ou então dizem que estão sempre sem dinheiro porque oferecem um serviço muito além do necessário. Essa maneira de pensar está incorreta. A demanda surge quando as pessoas estão buscando alguma coisa. Se não houver demanda por algum produto ou serviço, mesmo que este seja muito bom, a probabilidade é que o produtor esteja trabalhando somente para sua satisfação pessoal, de forma artesanal. Gerenciar um negócio dessa maneira é bastante arriscado, portanto, eu gostaria que você não cometesse esse equívoco.

Ser economicamente abençoado não significa absolutamente algo ruim. Não menospreze o dinheiro. Pelo contrário, lembre-se sempre da importância de conquistar um padrão de vida razoável para que possa garantir sua paz de espírito.

Conquistar a Confiança

Para se desenvolver de maneira ilimitada e, ao mesmo tempo, manter um relacionamento harmonioso com as pessoas, é importante cumprir o prometido. Claro, nem sempre é possível cumprir literalmente todas as promessas, mas você deve estar sempre disposto a manter sua palavra com absoluta sinceridade. Quando não conseguir cumprir o que foi prometido, é importante se arrepender e ser capaz de compensar o fato posteriormente.

Essa postura me faz lembrar da palavra "zanshin" utilizada no *kendo*, uma arte marcial japonesa que pratiquei quando criança, e que significa "continuar com o coração em alerta". O *kendo* assemelha-se à esgrima, com a diferença de que as espadas utilizadas são feitas de bambu. Durante uma luta de *kendo*, os competidores costumam aplicar todo o esforço e concentração no movimento do golpe a ser aplicado. Quando se está prestes a desferir um golpe na cabeça do adversário, não poderá pensar em mais nada. Se conseguir acertar o golpe, muito bem, mas se não conseguir, sua guarda ficará aberta e suscetível ao ataque inimigo. Eu mesmo pude vivenciar essa experiência e aprendi que, mesmo quando estava totalmente concentrado nos meus próprios movimentos, era preciso "continuar preparado" para executar o próximo contra-ataque.

Essa atitude pode ser aplicada aos relacionamentos humanos. Mesmo que tenhamos prometido fazer algo, às vezes isso se torna impossível. Entretanto, você consegue saber, a julgar pelo caráter de uma pessoa, se ela fez uma promessa da boca para fora ou se ela fez todo o possível para mantê-la, mas que por não conseguir cumpri-la, pretende compensar isso de algum modo mais tarde. É importante manter esse estado de espírito em seu coração. Mesmo que não consiga cumprir uma promessa, mantenha o desejo de preservar o sentimento de confiança que as pessoas depositam em você.

Existem muitas situações nas quais, apesar do esforço, você não será capaz de manter sua palavra. Mesmo assim, não deixe que isso atrapalhe o seu relacionamento. Pelo contrário, mantenha-se firme no propósito de reparar sua falha na primeira oportunidade que tiver. Isso irá criar o alicerce para um relacionamento sólido baseado na confiança mútua.

Capítulo 7

DIFERENTES
VALORES

A Importância da Compreensão

É extremamente difícil compreender os seres humanos, e uma das razões para que você se dedique ao estudo das Leis da Verdade é a possibilidade de adquirir uma percepção profunda das pessoas. A incapacidade de compreender o próximo é uma das principais causas de sofrimento. Mesmo quando encontrar pessoas que não concordam com as suas opiniões, se você puder compreender a maneira de pensar e de viver delas, poderá estabelecer bons relacionamentos. Por outro lado, se você não consegue compreender os outros, será emocionalmente difícil para você aceitá-las.

Seu conhecimento acerca das pessoas, ou seja, o quanto sabe a respeito da humanidade, torna-se muito importante. As pessoas deste mundo possuem diferentes formas de pensar. Você já deve ter encontrado pessoas com opiniões bastante estranhas. É claro que, do ponto de vista delas sua opinião também vai parecer igualmente estranha, já que suas perspectivas são provavelmente opostas. Talvez você fosse até mais feliz se nunca precisasse encontrar pessoas assim, mas isso é um fato inevitável. É muito importante que você tenha consciência de que existem no mundo muitas pessoas cujas opiniões não coincidem com a sua. Quando estiver ciente disso, a questão que se apresenta agora é como superar tais diferenças.

Nesse sentido, talvez uma das maiores diferenças na forma de pensar das pessoas encontre-se na compreensão das questões sobre o espírito, Deus e Buda. Há muitas diferenças que separam claramente as pessoas em relação a esses conhecimentos. Dentre os cristãos, há muitos que não conseguem uma compreensão clara sobre o espírito e o outro mundo. O conhecimento espiritual dessas pessoas está centralizado naquilo que foi ensinado por Jesus Cristo, há mais de dois mil anos. Como não há registro esclarecendo esses aspectos, elas têm dificuldades de compreender ou aceitar ensinamentos sobre essas Verdades. Infelizmente, isso ocorre porque nas Leis transmitidas na Bíblia não há informações muito claras sobre o espírito e o Mundo Celestial.

Como não é possível explicar sobre tudo isso num único capítulo, se eu não deixar escrito a respeito desses ensinamentos espirituais nos meus livros, será muito difícil para as pessoas das próximas gerações compreenderem. Por isso, é muito importante que eu transmita essas Verdades. E, mesmo que as pessoas da atualidade não tenham oportunidade de ler, é necessário deixar tais escritos para que as pessoas do futuro possam compreender. É por essa razão que a Happy Science tem se empenhado em deixar muitos livros escritos sobre as Leis Espirituais. Além disso, não quero limitar isso somente às pessoas desta era, mas expandir infinitamente para as pessoas que estão por vir. Por mais eu que faça isso, sei que nunca será o suficiente. Por exemplo, sabemos que existem inúmeros sutras budistas, no entanto há um limite para a capacidade de memorização dos discípulos. Infelizmente, é muito difícil que uma pessoa seja capaz de se lembrar corretamente de tudo que Buda Shakyamuni teria falado em um longo sermão.

Aprender com os Relacionamentos

Aprender com Quem Você Não Gosta

Quando você deparar com alguém que tenha opiniões ou crenças diferentes das suas, o importante é não permitir que essa diferença de opinião crie qualquer preconceito em relação a essa pessoa. Muitos simplesmente concluem que não têm nada em comum e não fazem esforço algum para serem amigos de uma pessoa que tenha valores diferentes dos seus, ou com a qual discordem em algum ponto crítico. Entretanto, se eles continuarem a pensar dessa maneira, não poderão esperar uma colheita abundante durante sua vida na Terra.

Os seres humanos possuem a tendência de enxergar as coisas em preto e branco. Tendemos a achar que aqueles com os quais temos afinidade sempre pensarão da mesma maneira que nós em tudo. Assim, quando vemos uma pessoa do nosso círculo de amizades – e, portanto, que tem afinidade com nossa maneira de pensar – se relacionando com outra pessoa de quem não gostamos, sentimo-nos traídos e acabamos o relacionamento com ela. Essa atitude é muito infantil, mas o fato é que há muitos adultos agindo assim e fazendo julgamentos baseados em gostar ou não de determinada pessoa.

Pessoalmente, não penso dessa maneira. Se você se permitir pensar em termos de "sim ou não", "amigo ou inimigo", "preto ou branco", terá uma visão da vida bastante limitada, e não poderá aprender muito com esse tipo de atitude. Se tiver antipatia por uma pessoa, não vai querer ouvir o que ela tem a dizer e nem aprender algo com ela. No entanto, em geral são justamente aqueles de quem você não gosta ou que se opõem a você os que têm mais a lhe ensinar. Creio que seja capaz de perceber que tem muito mais a aprender com aqueles de quem não gosta ou que se apresentam como potenciais inimigos do que com seus amigos.

Aqueles que você considera como amigos, provavelmente pensam de uma maneira semelhante à sua e, portanto, oferecem menos oportunidades de aprendizado. Por outro lado, quem não lhe parece confiável e não o deixa se sentir à vontade, tem muito a lhe ensinar. Talvez até você descubra que compartilham algumas características e isso lhe servirá de material para reflexão. Essas pessoas podem ser verdadeiras professoras e lhe fornecer material para estudo, por isso fique atento para não perder as oportunidades de aprendizado nesses relacionamentos.

No entanto, quando se adota essa postura, às vezes poderá ser mal compreendido, então precisa estar preparado. Vou dar um exemplo. Suponha que eu elogie alguém; essa pessoa pode achar que gosto mais dela do que dos outros. Como resultado, quando ela me vir agindo de maneira amigável com outra pessoa, pode interpretar que seu conceito junto a mim está diminuindo e isso fará com que ela fique mal-humorada de imediato. Se esse tipo de visão limitada não for corrigido, você não conseguirá passar do nível de amor baseado no relacionamento entre duas pessoas e avançar para um nível mais elevado, que é o amor irradiado em todas as direções.

O amor se desenvolve passando do nível um-para-um para o nível de um-para-muitos, depois vai mais além até chegar ao ponto em que ele passa a ser dirigido a inúmeras pessoas, em outras palavras, um nível conhecido como "Amor Personificado". As direções nas quais o amor flui devem aumentar continuamente; é assim que o amor se desenvolve.

Em geral, o amor surge entre um número limitado de pessoas – entre namorados, marido e mulher, pais e filhos ou entre amigos, por exemplo. Esse amor é precioso, mas, para se desenvolver espiritualmente, você não pode ficar limitado a esse nível de amor. A capacidade da sua alma se amplia quando seu amor se desenvolve de uma forma limitada para uma forma que envolve um vasto número de pessoas.

Isso significa que, se você almeja se desenvolver infinitamente, precisa superar a tendência de limitar seus relacionamentos, e não deve ser seletivo em relação ao tipo de pessoa. Ao procurar se relacionar com muitas pessoas diferentes, poderá confundir aqueles que têm uma visão mais limitada, mas, certamente, essa atitude poderá enriquecer a sua vida. Tenho certeza de que você encontrará muitas pessoas que não gostam de você ou pelas quais você não sentirá admiração. Mesmo assim, não pense que não tem nada a ver com elas e, em vez disso, analise e descubra a razão pela qual você não gosta delas.

Talvez sinta dificuldade em aceitar certos aspectos da personalidade de uma pessoa; mas se analisar bem, poderá encontrar outras características dignas de admiração. Se você se concentrar nos pontos positivos dela e se esforçar para apreciá-los, seus sentimentos positivos serão transmitidos para essa pessoa. Então, ela perceberá que você não a detesta completamente e que, embora não aceite alguns traços de sua personalidade, existem partes de que você gosta. Ao compreender isso, a pessoa começará a se esforçar para mudar. Ela tentará ocultar os aspectos negativos quando conversar com você e o caráter dela irá mudar gradualmente, até que somente os pontos positivos sejam visíveis. Assim, ao deixar que uma pessoa saiba que você admira partes do do caráter dela, poderá encorajá-la a melhorar a personalidade. Mas, se você não lhe der chance e apenas expressar seu desagrado por ela, não poderá haver mudança positiva. Por isso é essencial que você não se afaste por completo dessa pessoa.

Manter uma Distância Psicológica

Outro problema no relacionamento é decidir qual a distância que queremos manter do outro. Talvez, você já tenha encontrado pessoas que tentam forçar situações para conquistar sua admiração; se você abrir as portas do seu coração, ela entra. Se você der um passo para trás, ela dará um passo à frente. Se você recua mais um pouco, ela avança de novo. Ter uma amizade assim é bastante estressante. O relacionamento começa como amizade, mas aos poucos ela tenta controlar a sua vida. Essas pessoas são tão invasivas que você passa a querer mantê-las distantes.

No entanto, é importante que você trate seus amigos com cuidado. Uma amizade não deve ser do tipo "tudo ou nada". Você não precisa aceitar tudo o que seus amigos fazem, nem rejeitar completamente aqueles que não são amigos. Sempre analise a distância que está mantendo entre você e os outros. Existe um limite a partir do qual você não precisa deixar que as pessoas avancem, não importa o quanto sejam suas amigas. Se conseguir manter uma distância apropriada, seus relacionamentos serão duradouros, mas, se deixar que as pessoas se aproximem demais, vocês acabarão se intrometendo na vida um do outro e a amizade terminará logo.

Se você cometer um erro ao estabelecer uma distância limite, a pessoa poderá se aproximar demais e a situação se tornar inaceitável, levando-o a desejar acabar com o relacionamento. Se isso ocorrer, a outra pessoa não vai compreender o que saiu errado. Você estava sendo tão amigável até agora que não haveria justificativa para ter-lhe dado as costas repentinamente. Esse tipo de pessoa é incapaz de perceber que ela exige demais de um relacionamento; por isso é importante, desde o início, impor certos limites e manter uma distância apropriada.

Aqueles que se dedicam à disciplina espiritual ainda devem manter sempre um pouco mais de distância dos outros. Na medida em que progredir em seu treinamento espiritual, é provavel que se sinta cada vez menos propenso a compartilhar suas opiniões com pessoas que não têm interesse em espiritualidade. Uma diferença de consciência espiritual resulta em diferentes modos de enxergar o mundo, mas isso é algo que você simplesmente deve aceitar. O segredo para conservar relacionamentos harmoniosos com várias pessoas é manter uma distância psicológica adequada.

Porém, se achar que a outra pessoa tem um nível de consciência espiritual semelhante ao seu, vocês serão capazes de se compreender de um modo muito profundo – um nível de amizade que dificilmente seria conseguido em relacionamentos de trabalho ou contatos sociais. A menos que as almas interajam de maneira profunda, não poderão experimentar uma amizade espiritual. Ao estabelecer amizade com alguém que também está no caminho da Verdade, descobrirá que existe uma forte ligação entre vocês.

Se você souber manter uma distância psicológica adequada, será capaz de se relacionar com diferentes tipos de pessoas. O que ocorre, entretanto, é que as pessoas se envolvem demais nos relacionamentos ou então não conseguem fazer amizade, e acabam perdendo a oportunidade de aprender com os outros.

Acima do Bem e do Mal

Se esse mundo tivesse uma natureza monística, em outras palavras, se somente existisse a luz, sendo as trevas apenas a ausência de luz, ou se somente existisse o bem, sendo o mal apenas a ausência do bem, não haveria espaço para escolher entre o "sim" e o "não". Seria um mundo onde não haveria mudança, um mundo cujo padrão teríamos de aceitar. Quando se pensa de uma maneira monística, todas as opções são descartadas e isso reduz enormemente a possibilidade de aprendizado. Num pensamento dualístico, no entanto, pode-se escolher entre o bem e o mal, e, à medida que continua a fazer as escolhas certas, você pode evoluir espiritualmente. Mas, se o mundo for percebido a partir de uma perspectiva monística, esse tipo de aprendizado não será possível.

De fato, tanto do ponto de vista individual como do ponto de vista de Deus, este mundo contém a dualidade do bem e do mal. Como resultado, precisamos sempre nos ater à tarefa de descartar o mal e escolher o bem. No entanto, quando estiver tentando decidir entre o certo e o errado, nunca se esqueça de manter a perspectiva do perdão, levando em conta a passagem do tempo. Por exemplo, mesmo que você encontre alguém que lhe pareça mau, obstruindo seu caminho e prejudicando seus esforços na busca pela Verdade, procure enxergá-lo como alguém que ainda não despertou. Diga para si mesmo que se essa pessoa pudesse compreender como as coisas realmente são, jamais se comportaria daquela maneira, e que isso só ocorre porque ela ainda não descobriu a Verdade por estar com os olhos vendados.

Pode-se dizer que esse estado de espírito é semelhante ao de Jesus Cristo ao ser crucificado. Ele disse: "Pai, perdoa-lhes, porque não sabem o que fazem" (Lucas 23:34). Essas palavras mostram claramente que Jesus não via as coisas simplesmente em termos do bem e do mal.

Ao falarmos de seres espirituais, não podemos simplesmente dividi-los entre espíritos superiores e inferiores. Em vez disso, podemos descrevê-los como sendo espíritos desenvolvidos ou em desenvolvimento. Se você chamasse um espírito de "inferior", ele naturalmente ficaria zangado. Na verdade, devemos considerá-lo como um espírito "em desenvolvimento", um espírito que algum dia vai se desenvolver ou um espírito que temporariamente parou de evoluir. Se você enxergá-los dessa forma, estará contribuindo para a melhoria do caráter deles.

Isso fica bem claro quando entramos em contato com espíritos malignos. Se você disser que ele é um espírito maligno, que é do mal, vai deixá-lo muito irritado. Mas se, ao contrário, afirmar que ele é realmente um bom espírito, uma boa pessoa, ele se tornará melhor. Isso pode parecer estranho, mas é assim que acontece. Dessa forma, mesmo quando chamar a atenção de uma pessoa, é importante também emitir elogios para não ferir o sentimento alheio.

Prós e Contras do Monismo

Existem diferentes argumentos sobre o monismo e o dualismo. Entretanto, se considerarmos somente a existência da realidade deste mundo onde os seres humanos encarnam para fazer aprimoramento espiritual, pode-se dizer que esse ponto de vista monístico do mundo é incorreto.

Mesmo que se afirme que originalmente o Inferno e os espíritos malignos não existem, o inferno existe há cerca de 100 milhões de anos, e, infelizmente, metade das pessoas vão para o mundo infernal após a morte. Só afirmar que eles não existem, não fará com que desapareçam.

É muito mais sensato aceitar essa realidade e adotar medidas para melhorar essa situação. Somente ignorar um problema, não irá fazer com que se solucione.

O pensamento monístico afirma que só existe a luz. No entanto, seria mais correto afirmar que tudo tem origem na luz. Por exemplo, se a luz for bloqueada, naturalmente surgirá a sombra. É inútil afirmar que a sombra não existe originalmente, pois sempre que a luz for bloqueada, a sombra se manifestará. Para eliminar a sombra, é preciso remover aquilo que está bloqueando a luz. Da mesma forma, uma vez que estamos passando por um aprimoramento espiritual neste mundo tridimensional, onde todas as coisas têm origem na luz, uma visão dualística que aceita a existência do bem e do mal é a mais correta, pois é assim que as coisas são de fato.

Porém, com o intuito de orientar aqueles que estão longe da Luz, a teoria monística tem certa importância. Apesar de ser muito difícil escapar quando se está lutando contra o mal ou contra suas preocupações, dependendo de como utilizar o poder do pensamento iluminador, haverá muitas situações em que conseguirá superar as dificuldades. Se estiver enfrentando espíritos malignos, pense de forma positiva e iluminadora, esforçando-se para adotar uma postura construtiva. Desse modo, esses espíritos se afastarão sem muita dificuldade. Isso ocorre porque você não irá mais emitir a mesma vibração que eles.

Há uma lei conhecida como Lei da Sintonia de Vibrações que afirma que as mentes com o mesmo comprimento de onda se atraem; portanto, se você estiver emitindo vibrações positivas e brilhantes, elas irão repelir as vibrações negativas e destrutivas dos espíritos malignos. Da mesma forma, a atitude de se concentrar somente no lado positivo das coisas e direcionar seu pensamento para a luz é uma forma de defesa extremamente eficaz que não pode ser ignorada. Se você observar seu estado de espírito e perceber que está gastando muito tempo com pensamentos negativos e se concentrando principalmente no lado sombrio das coisas, é recomendável que comece a usar o poder do pensamento iluminador.

O Inferno e seus habitantes realmente existem, e não dá para ignorá-los. Para ser bem claro, é bom que saibam que na atualidade é muito improvável que todas as pessoas retornem ao Mundo Celestial após a morte; por isso, é preciso ensinar às pessoas sobre a vida rigorosíssima que as espera se forem para o Inferno.

Superar as Diferenças

Talvez você já tenha aprendido algo sobre as diferenças de valores entre as pessoas e também já consiga analisar as situações por diferentes pontos de vista, mas, se acha que isso é suficiente, sinto em informá-lo que as coisas não são tão simples assim.

Digamos que você decida fotografar o Monte Fuji. Pode até tirar muitas fotos de diferentes ângulos, mas isso não significa que existem vários Montes Fuji. O que existe é uma única montanha, mas inúmeras maneiras de fotografá-la. A visão do Monte Fuji vai mudar dependendo do local de onde a fotografia foi tirada. Mesmo que todas as fotos sejam tiradas do mesmo local, poderá haver diferenças conforme a estação do ano ou as condições do tempo. De maneira similar, uma mesma coisa pode ser expressa de diversos modos. Gostaria que você se lembrasse disso quando estiver analisando sua forma de enxergar o mundo.

Se você pensa em termos de "bem ou mal" ou de "sim ou não", pode estar tentando olhar as coisas como se fossem imagens achatadas projetadas numa tela plana. Entretanto, quando a mesma situação é observada de uma dimensão mais elevada, a questão do tipo "sim ou não" não mais se aplica. Por exemplo, a Verdade contém o ensinamento da justiça que diz que o justo deve ser forte, e isso parece estar contradizendo os ensinamentos do amor. Se esses dois conceitos forem colocados num único plano, parecerão ser contraditórios. Mas na realidade ambos podem coexistir dentro da vasta estrutura multidimensional das Leis da Verdade.

Um dado possui seis faces e, embora cada uma delas represente apenas um número, todas elas são partes de um mesmo cubo. O mesmo ocorre em relação às Leis da Verdade. Quando observadas a partir das dimensões inferiores, as Leis parecem ser divergentes. No entanto, deve-se lembrar que as diferentes maneiras como os ensinamentos da Verdade são transmitidos resultam da percepção relativa a este mundo terreno. Basicamente, essas diferentes interpretações se unem para formar um todo único e coerente.

Se esse aspecto não for compreendido, poderá dar origem à postura equivocada de não haver interesse em superar as divergências. Quando começar a pensar dessa maneira, talvez você justifique dizendo que "os seres humanos são livres e, portanto, podem fazer o que quiserem", mas saiba que desse ponto até o Inferno a distância é mínima. Muitos dos habitantes de lá costumavam dizer: "Posso usar minha liberdade do jeito que quiser e ninguém tem nada com isso".

Por exemplo, uma pessoa que segue a doutrina budista estará cometendo um erro se pensar: "Já que aceito tantos valores diferentes, não tem problema nenhum em me devotar a Buda, aos ensinamentos e à organização espiritual búdica, isto é, aos Três Tesouros".

É melhor usar o princípio da diferença de valores para perdoar e ser mais tolerante com aqueles que têm opiniões diferentes das suas. No entanto, você não deve usar essa tolerância para ser indulgente consigo mesmo. Quando sua opinião for diferente da de outra pessoa, cuidado para não usar isso como justificativa, alegando que pensa diferente porque existem diferentes maneiras de enxergar uma mesma coisa. Se utilizar indiscriminadamente a diversidade para justificar sua forma de pensar, sem procurar se corrigir, estará correndo o risco de se afastar da Verdade. Portanto, tenha cuidado.

Capítulo 8

UM ENCONTRO COM
DEUS

---- ✻ ----

O Desejo de Obter a Iluminação

Quando reflito sobre minha infância, sempre me recordo do quanto eu era um buscador da Verdade desde cedo. Devemos ser gratos pela existência de um desejo interior de buscar a essência de nossa alma. Devemos ser gratos a Deus por existir em nós o desejo de alcançar valores mais elevados, de buscar a espiritualidade, de voltar-se para Deus, que nos ama e abençoa.

Se existir em seu coração essa vontade de um buscador, significa também que você almeja a elevação espiritual e a iluminação. Aqueles que se reúnem em busca das Leis Espirituais sobre a Verdade, compartilham da mesma aspiração, por isso insisto que você nunca se esqueça de agradecer por ser tão abençoado. Muitas pessoas neste mundo são incapazes de apreciar o infinito valor das Verdades Divinas. Isso pode ser comparado à maneira como determinada sinfonia é admirada por algumas pessoas enquanto outras são incapazes de compreendê-la. Devemos ser gratos por termos ouvidos que nos permitem apreciar a música. Às vezes fico imaginando como os animais ouvem a música; embora eles possam entendê-la até certo ponto, provavelmente nunca poderão sentir essa felicidade no mesmo grau que um ser humano. Podemos dizer que os animais não foram dotados da mesma capacidade que os seres humanos de experimentar a alegria. O mesmo pode se dizer em relação às pessoas que apreciam e as que não apreciam ensinamentos espirituais.

Começar do Zero

Ao rever minha infância, sempre me lembro da importância da autodisciplina. Já abordei esse tema anteriormente neste livro, e considero que a capacidade de autodisciplina é um dos meus pontos fortes. Nunca fui complacente comigo mesmo e sempre procurei me aperfeiçoar, aliás algo que se mantém até hoje. Pode ser que você sinta, agora ou em alguma outra época, que sua vida deixa muito a desejar quando comparada ao ideal que projetou, mas o simples fato de ter o desejo de atingir esse ideal algum dia é o que lhe dá força para continuar avançando, passo a passo, até alcançar seu objetivo. A capacidade de autodisciplina é um grande tesouro, uma qualidade essencial que todos devem desenvolver.

Hoje sou presidente da Happy Science e ensino as Verdades sobre o mundo espiritual para muitas pessoas. Mas também comecei a vida sem nada e somente após várias décadas de disciplina espiritual é que pude alcançar o presente estágio. Dentro de cinco ou dez anos serei uma pessoa diferente e, daqui a vinte anos, terei mudado ainda mais. Por isso, preciso me dedicar ao aprimoramento espiritual tanto quanto qualquer outra pessoa.

Independentemente de quem somos, todos nós precisamos passar por um aprimoramento espiritual enquanto vivemos na Terra. Dentre os que se encontram encarnados agora no planeta, deve haver aqueles que foram grandes personalidades em vidas passadas, mas o passado é o passado e o presente é o presente. Quando nascemos na Terra, precisamos começar do zero, e o quanto cada um de nós conseguirá evoluir vai depender do esforço feito para o crescimento espiritual ao longo desta vida. Lembre-se também de que, dependendo do resultado dos seus esforços e por meio de várias experiências, você poderá desenvolver uma nova personalidade. A formação da personalidade é algo que depende exclusivamente de cada um e, portanto, você é quem deve assumir a responsabilidade por isso.

No meu caso, o caráter que formei desde que nasci na Terra é o que conduz a minha vida. Mesmo após retornar para o mundo celestial, passarei a orientar as pessoas e me expressar através dessa personalidade. Se você não experimentasse uma vida terrena encarnado num corpo físico, não teria como desenvolver sua própria personalidade e seria impossível orientar as pessoas. Você não poderia se identificar, porque não teria um nome, nem mostrar sua individualidade, pois não teria nenhuma. Seria uma situação bastante estranha.

Ao nascermos na Terra, podemos desenvolver uma personalidade bastante definida. Como resultado da minha vida atual neste mundo, mesmo após retornar ao Mundo Espiritual, poderei usar a forma do indivíduo chamado Ryuho Okawa para ensinar aos outros espíritos, tanto no Mundo Espiritual como no mundo terreno. Esse era um dos meus objetivos na atual jornada neste mundo.

Esperar que um Caminho se Abra

Os fracassos e as decepções fazem parte da vida, e podemos até dizer que são justamente esses fatores que a tornam tão interessante. Todo indivíduo possui uma complexidade que os demais não conseguem mensurar, portanto, sempre existe a possibilidade de que o seu potencial ainda não tenha se manifestado totalmente. Isso se aplica também à Happy Science. Como Mestre, sempre me preocupo se fiz tudo o que estava ao meu alcance para ajudar seus membros a desenvolverem toda a sua potencialidade, ou se reconheci devidamente todas as pessoas que merecem.

Você não precisa achar que é um fracassado simplesmente porque os outros não souberam reconhecer sua capacidade. Ao contrário, você deve ser grato por ter tido alguns aspectos de sua personalidade que foram reconhecidos. O mesmo ocorre em relação a uma promoção no ambiente profissional. Alguns sobem rapidamente na hierarquia da empresa, enquanto outros não saem do lugar; mas isso não significa que aqueles não promovidos sejam dispensáveis. Em muitos casos, os chefes querem ajudá-los, mas podem estar impossibilitados de fazê-lo num determinado momento. Assim, se você estiver numa situação desse tipo, procure não demonstrar sua insatisfação para os seus superiores nem ignorá-los. Aguarde com determinação e paciência que o caminho se abra para você.

Controlar a Força Interior

Suavizar a Luz

Eu mesmo já passei por diversos problemas de relacionamento. Minha energia espiritual é muito mais vasta e intensa do que minha pessoa aparenta ter. Houve um tempo em que, por emanar muita energia, eu começava a agir assim que um pensamento me ocorria. Sempre dediquei minha vida ao autodesenvolvimento, colocando toda minha energia no trabalho. Quando não conseguia obter o sucesso esperado, achava apenas que não havia aplicado o esforço necessário, redobrando a energia para a realização dos meus objetivos.

Atualmente percebi a importância de se controlar a energia interior e diminuir a luz emitida. Não se trata de se humilhar ou ser mais modesto, mas sim um esforço em nome do amor. Se a luz emitida for intensa demais, as outras pessoas não poderão ficar com os olhos abertos e permanecer na sua presença.

Ao pensar somente em si mesmo e focar apenas em fortalecer sua própria luz, corre o risco de provocar a rivalidade dos outros e ferir o orgulho e a dignidade das pessoas; portanto, é preciso ser cauteloso. Por isso é preciso saber tanto aumentar quanto diminuir sua luz de acordo com a necessidade. Poderíamos usar a palavra energia em vez de luz, e, da mesma forma, é preciso ser capaz de colocar mais energia poderosa ou suavizá-la, de acordo com a situação, caso contrário terá dificuldade de se relacionar com os outros.

Às vezes talvez você queira que os demais o aceitem como você é, em toda a sua plenitude, mas isso é o mesmo que colocar um pargo cru enorme numa tábua de carne diante de uma pessoa, para que ela limpe e corte o sashimi para comer – ela não saberá nem por onde começar. Assim, se quiser que as pessoas o aceitem como é, precisa primeiro "dividir-se em pedaços" para ficar mais palatável.

Gostaria que você compreendesse que é essencial ser capaz de regular a intensidade da luz que emite. Uma das características dos jovens é que, embora sejam capazes de emitir uma luz intensa, não conseguem controlá-la. Eles se preocupam tanto em irradiar sua energia que não sabem como suavizá-la. Provavelmente terão de sofrer alguns contratempos antes de conseguirem dominar essa arte. No entanto, antes que enfrentem esses reveses, gostaria de alertá-los de que esses problemas surgem quando a luz que emitem é intensa demais.

Se alguma vez você já enfrentou dificuldades nos relacionamentos com outras pessoas devido à sua incapacidade de controlar a própria intensidade, não há por que culpar os que estão ao seu redor. Todos os seres humanos gostariam de viver em paz; se você perturba a harmonia dos que estão ao seu redor, precisa assumir a responsabilidade. Se um carro passar por um trecho perigoso em alta velocidade, acabará colidindo em algo. Isso é um fato óbvio e também a razão pela qual existem limites de velocidade. Se você ignorar os limites de velocidade e pisar fundo no acelerador simplesmente porque o seu carro pode atingir 200 km/h, terá de assumir a responsabilidade por seus atos. Espero sinceramente, sobretudo se for jovem, que você seja capaz de controlar sua própria energia.

Mudar Primeiramente a Si Mesmo

Muitas pessoas acham difícil controlar o próprio coração e sofrem. Talvez o controle seja mais fácil para aqueles que estão acostumados a usar o raciocínio lógico, mas a maioria das pessoas considera difícil ter autocontrole e acabam sofrendo. Se você tem dificuldade para lidar com suas próprias opiniões e emoções, quais são suas chances quando estiver lidando com o coração dos outros, sobretudo daqueles de quem você não gosta? Você deve aceitar o fato de que não se pode mudar os outros facilmente. Antes de tentar mudar os outros, precisa ser capaz de mudar a si mesmo. Começando pelas pequenas coisas, procure fazer o possível para mudar a si mesmo. Ao dar continuidade aos seus esforços, ficará surpreso no dia em que perceber que as pessoas ao seu redor também estão mudando.

Estabelecer um Critério para Fundamentar seu Pensamento

Quando você estiver com dificuldade para tomar uma decisão, é importante estabelecer um ponto que não poderá ser mudado. Em outras palavras, você deve adotar um parâmetro pessoal que servirá de referência para medir todos os outros fatores. Se você não conseguir criar um ponto fixo desse modo, jamais conseguirá chegar a uma decisão.

Por exemplo, se fôssemos escolher um critério pelo qual uma pessoa se qualificaria a palestrante na Happy Science, com certeza o primeiro ponto a ser levado em consideração seria se essa pessoa se tornaria ou não um bom guia para aqueles que querem se elevar espiritualmente, e não se o candidato ficaria feliz com a indicação. Sob essa perspectiva, você poderia perguntar se o candidato possui suficiente conhecimento das Leis da Verdade para cumprir a função. Como resultado, talvez você conclua que o candidato precisa estudar um pouco mais antes de se tornar um palestrante.

Como você pode ver por esse exemplo, quando tiver dificuldade para tomar uma decisão, procure encontrar um fator constante a partir do qual você irá fundamentar seu pensamento. Tendo decidido usar esse fator como base, poderá então organizar seu pensamento ao redor dele. Quando não estiver conseguindo organizar seus pensamentos, ache um único ponto imutável que não possa ser ignorado e use-o como base para o seu pensamento. Assim, encontrará um rumo a seguir. Claro, sempre existem fatores que devem ser postos de lado e, sendo assim, procure se esforçar para fazer isso. É preciso ser lógico e consistente. Ao dar continuidade a esse trabalho, aos poucos você irá obter um controle maior sobre seu coração.

Adquirir uma Nova Perspectiva

Por volta dos meus vinte e poucos anos, como funcionário de uma empresa japonesa de comércio exterior, morei nos Estados Unidos por cerca de um ano. Aquele período representou para mim uma experiência muito produtiva, sobretudo porque já possuía um conhecimento razoável do mundo e alguma experiência empresarial, e não fui como um estudante. Na verdade, isso acabou se tornando a experiência de uma vida.

A lição mais importante que aprendi ao viver no exterior foi que, ao adotar uma nova perspectiva, pude ver as coisas sob outra luz. As informações que adquirimos com a formação acadêmica e o ambiente em que vivemos geralmente são limitadas e não isentas de parcialidade, mas se conseguirmos analisá-las por um ângulo totalmente diferente, poderemos ver onde está o equívoco. Após observar meu país sob a perspectiva americana, voltei para o Japão e analisei os Estados Unidos sob a perspectiva japonesa. Tendo tido essa experiência, sei que uma pessoa capaz de enxergar os dois lados de uma moeda tem uma visão completamente diferente de alguém que enxergue apenas um de seus lados. Ao enxergar os dois lados, você poderá compreender realmente a situação.

Para podermos compreender a verdade em toda a sua plenitude, precisamos passar por uma série de experiências. Usando novamente o Monte Fuji como exemplo. Em geral o Monte Fuji é descrito como uma montanha em forma de cone, mas, na realidade, se a observação for feita de determinado ângulo, existe uma protuberância na encosta direita que não pode ser observada se a montanha for vista de outro ângulo. Da mesma forma, se você não analisar algo ou alguma situação de diversas perspectivas, não será capaz de captar sua verdadeira forma. Ao se elaborar um mapa, utiliza-se a técnica da triangulação e, da mesma forma, para que possa compreender a verdade, você precisará levar em consideração vários fatores.

Sempre enfatizo a importância da autorreflexão. Os Oito Corretos Caminhos representam um parâmetro que você pode usar para analisar a si mesmo e encontrar seu "eu" verdadeiro. Por outro lado, depois de vivenciar muitas experiências e perceber que existem inúmeras maneiras diferentes de pensar, aquilo que parecia ser um grande obstáculo no passado acaba assumindo uma importância quase insignificante. Novos conhecimentos e experiências valem ouro, pois eles o ajudarão a descobrir novos aspectos de si mesmo. Com relação ao conhecimento, você deve se esforçar para estudar matérias que havia ignorado antes ou pelas quais não se interessava. Assim, será capaz de adquirir novas perspectivas que o levarão a novas direções. Quando se trata de experiência, você não deve se permitir ficar preso à rotina; procure se interessar por coisas que antes estavam totalmente fora de seu leque de interesses. Por exemplo, se você não ficar restrito ao seu círculo de amizades habitual e de vez em quando se encontrar com diferentes tipos de pessoas, irão surgir maneiras completamente novas de enxergar as coisas.

Capítulo 9

AUMENTAR O VALOR
DO TEMPO

---- ✳ ----

O tempo pode ser dividido em "tempo relativo" e "tempo absoluto" – e esses dois tipos realmente existem. Um dia é composto por 24 horas e não há nada que se possa fazer para aumentar ou diminuir fisicamente esse tempo. No entanto, é possível aumentar a quantidade de tempo que gastamos para aperfeiçoar nossa alma. Isso é o que chamo de "tempo absoluto". O "tempo relativo", por outro lado, é aquele medido por um relógio. Karl Marx se referiu a esse tipo de tempo em sua "Teoria de Valor do Trabalho" como uma mercadoria que poderia ser vendida como qualquer outra, a um preço fixo determinado pelo tempo de trabalho necessário para produzi-la.

No futuro, entretanto, acredito que essa teoria seja completamente rejeitada.

Uma hora medida pelo relógio (tempo relativo) é igual para todas as pessoas, mas o valor inerente a ela (tempo absoluto) varia de pessoa para pessoa. Por exemplo, se várias pessoas assistirem a uma palestra de uma hora de duração, todas estarão presentes pelo mesmo período de tempo, mas algumas, com base no que ouviram, terão ideias muito mais valiosas do que os demais. As diferenças no valor dos pensamentos que tiveram durante e depois da palestra irão resultar num valor diferente para aquela hora que foi gasta. Se uma pessoa cochilou durante toda a palestra, o tempo gasto não terá valor algum. Já outra pessoa pode ter encontrado uma dica ou a semente de uma ideia que poderá mudar completamente sua vida para melhor no futuro. Se a ideia for colocada em prática e a prosperidade se tornar uma realidade, isso quer dizer que houve criação de valor agregado. Desse ponto de vista, você verá que uma hora nem sempre possui o mesmo valor.

Gostaria que você se esforçasse para aumentar o valor de cada hora que gasta. Para isso, faça a si mesmo perguntas do tipo "De que maneira posso utilizar essa hora e obter o maior benefício possível para minha alma?" ou "Como posso aproveitar ao máximo o tempo livre que tenho à tarde para minha evolução espiritual?".

    O mesmo se aplica a mim. Estou sempre pensando em como utilizar meu tempo para beneficiar o maior número possível de pessoas. Não é uma tarefa fácil, mas procuro sempre fazer a melhor escolha. Invisto meu tempo para torná-lo o mais útil possível para o maior número de pessoas. Esse é o critério que utilizo como base do meu pensamento.

    Viver plenamente dessa maneira na verdade tem o mesmo efeito de se ter uma vida longa. Embora o tempo físico que você vive aqui na Terra não vá mudar, é possível aumentar o valor do que você produz, utilizando o tempo de maneira mais eficiente.

Capítulo 10

ALCANÇAR UM NÍVEL EXTRAORDINÁRIO
DE AMOR

Abrir a Porta para o Subconsciente

No início deste livro, escrevi sobre minhas experiências quando entrei em contato com o Mundo Espiritual e expliquei que, antes disso, passei por um período de introspecção. Se alguma entidade surgir de repente diante de você alegando ser "Deus", tenha cuidado. Na verdade, antes de poder se comunicar com o Mundo Espiritual, você precisa passar por um período de introspecção. Você começa a ter um forte desejo de reservar um tempo para meditar em silêncio e olhar para dentro de si mesmo. Dando continuidade diária a essa prática, em algum momento perceberá que a passagem para o seu subconsciente estará se abrindo.

Isso se aplica a todos, sem exceção. É preciso meditar calmamente e olhar profundamente para dentro de si mesmo. Dessa forma, a alma é preparada para que a porta para o mundo do subconsciente se abra. Isso significa que as pessoas que estão sempre ocupadas, correndo para lá e para cá tentando concluir o trabalho, nunca terão acesso ao seu subconsciente. Talvez algumas dessas pessoas se considerem bem-sucedidas, mas na realidade o que aconteceu foi que elas passaram a ter diferentes sensações devido à aproximação de espíritos de origem duvidosa.

Materializar Seus Pensamentos

Na Happy Science, tenho ensinado uma ampla gama de filosofias, e muitas delas foram formadas com base nos conceitos centrais que descobri durante meus estudos iniciais. Como dei continuidade à profunda contemplação dos pensamentos que deram origem a esses conceitos, minha própria filosofia foi gradualmente assumindo forma e maturidade. Por exemplo, como mencionei no início do livro, passei um bom tempo refletindo sobre o significado da frase "Ame, Nutra e Perdoe" que surgiu como uma revelação espiritual e resultou na criação da filosofia dos estágios do Amor.

Assim como o gelo ou a neve precisam de um ponto central em torno do qual se cristalizam, igualmente precisa o pensamento. Você precisa desenvolver sua forma de pensar ou adotar uma filosofia já existente, ao redor da qual poderá se esforçar para cristalizar seu próprio pensamento. Se der continuidade a esse esforço, seus pensamentos começarão a tomar forma e você poderá estabelecer sua própria filosofia de vida.

Portanto, é importante que primeiro você encontre a semente de um pensamento e depois dedique um tempo para analisá-lo atentamente. Depois de ter refletido sobre ele por uns seis meses, um ano, ou talvez dois ou três anos, ele gradativamente começará a florescer e se tornará sua própria filosofia. Se estiver numa sala cheia de pessoas e uma delas pedir que você exponha sua filosofia de vida, seria bom que fosse capaz de se levantar e falar por uma, duas ou três horas. Você não deve se tornar uma pessoa que não tem nada a dizer, sem nenhuma opinião sobre as coisas. Pelo contrário, deve se esforçar para criar sua filosofia de vida.

Ao se esforçar para aprender diferentes lições e ter uma ampla gama de experiências, esse conjunto de fatores irá se consolidar ao redor da raiz do pensamento que você plantou dentro de si e se cristalizará de forma única e coerente. Se você criar e armazenar um bom número desses cristais, procurando aumentar a quantidade sempre que tiver oportunidade, aos poucos vai se transformar numa pessoa capaz de liderar as demais.

Possuir uma filosofia de vida é muito importante, e o fato de ter desenvolvido ou não esse objetivo vai determinar o mundo para onde você irá após a morte. Quem passa todos os dias sem pensar em nada, ficará dependente dos outros e das circunstâncias ao chegar no outro mundo. Em contrapartida, aqueles que desenvolveram o hábito de pensar profundamente serão capazes de viver ali uma vida muito mais enriquecedora.

No mundo para onde vamos após a morte, tudo é regido pelo pensamento, portanto, é importante que você desenvolva seu próprio mundo interior de pensamentos enquanto estiver na Terra. Isso permitirá que você amplie seu leque de atividades no outro mundo, então gostaria que você expandisse seu mundo interior pensando da maneira mais grandiosa que puder enquanto estiver vivo. Isso é muito mais importante do que ampliar seu espectro de atividades apenas em busca do prazer neste mundo.

O Confronto com Espíritos Malignos

Por fim, gostaria de falar sobre confrontos com espíritos malignos. Algumas pessoas, ao acessar o próprio subconsciente, poderão acabar entrando em contato com habitantes do mundo espiritual. Gostaria de advertir que, se isso acontecer com você, tenha cuidado, pois estará se expondo a um grande risco.

Enquanto estiver levando uma vida normal neste mundo terreno, sem contato com o mundo espiritual, as influências daquele mundo serão relativamente pequenas. Mesmo que você tenha dúvidas ou preocupações momentâneas, isso não lhe trará maiores problemas. Entretanto, ao estabelecer uma conexão com o mundo espiritual, se você tiver pensamentos negativos, ficará diretamente exposto ao mundo da negatividade, de acordo com a lei da sintonia vibratória, que consiste em atrair para si energias com vibrações semelhantes. Isso se aplica a todas as pessoas. Existe um ensinamento que diz que "um pensamento pode levar a três mil mundos diferentes" e, com toda certeza, com seus pensamentos você poderá visitar todos os reinos do mundo espiritual.

Como se pode ver, o fato de adquirir mediunidade não garante que você estará sempre em contato com o Mundo Celestial. Por conseguinte, a menos que seja capaz de manter a serenidade e a harmonia no coração, estará correndo riscos. Para manter seu coração e sua mente sempre em sintonia com o Mundo Celestial, é importante praticar o desapego material. A prática de se livrar dos desejos mundanos não é ensinada apenas por ser desejável sob o ponto de vista moral. Ela deve ser realizada porque qualquer apego poderá colocá-lo numa situação de risco quando abrir o canal para o subconsciente. Tudo o que os espíritos malignos esperam é uma pequena oportunidade para entrar no seu coração. Gostaria que você se conscientizasse de que isso é perigoso. Mesmo que seja um Anjo de Luz, se tiver apegos ou desarmonia no coração, estará sob risco. A menos que continue se esforçando para se aperfeiçoar espiritualmente, passo a passo, lembrando-se sempre do seu ponto de partida, estará correndo um grande risco.

Os espíritos malignos são realmente ferozes. Quanto mais elevada for sua posição e mais importante for seu trabalho, maior será a probabilidade de que se torne um alvo. Eles irão tentar derrubá-lo de propósito e, se você se julgar superior aos outros e mais importante, não haverá como salvá-lo. Mesmo os anjos terão dificuldades de se defender sem a ajuda dos Espíritos Superiores, quando os espíritos malignos desejam atacá-los. Assim, é muito importante que você tenha amigos, amigos com os quais esteja ligado pela fé. Além disso, se você também tiver fé, ela servirá de conexão direta com Deus. Isso significa que os espíritos malignos não conseguirão atacar um ser humano normal como você, pois eles terão de enfrentar Deus para fazê-lo.

Por isso, os espíritos malignos aproveitarão todas as oportunidades que tiverem para destruir sua fé. Eles colocarão a semente da dúvida em seu coração, confundirão seus sentidos no momento de julgar o que é correto ou não e irão sussurrar palavras doces em seus ouvidos. Por exemplo, dirão que é injusto que você seja tratado com desigualdade, que tem o direito de estar numa posição muito mais elevada e que foi passado para trás. Agindo dessa maneira, eles tentarão destruir a sua fé. Se conseguirem, você estará sozinho, e infelizmente haverá poucas chances de vitória. O confronto com espíritos malignos é um problema que existe desde o princípio dos tempos, por isso é absolutamente essencial encontrar maneiras de vencê-los.

Para conseguir isso, o mais importante é se livrar de suas maiores preocupações e apegos. Se você perceber que está com o pensamento fixo em algo em particular, faça um esforço e direcione sua atenção para alguma outra coisa, para poder relaxar e restaurar sua serenidade interior. É preciso que tenha uma franca disposição para se tornar o mais livre possível de preocupações, pois isso será uma grande força com a qual poderá contar quando estiver enfrentando espíritos malignos.

Outro método que você pode usar quando sentir que está sendo atacado por espíritos malignos é um que eu mesmo uso. Depois de estabelecer contato com o mundo espiritual, se você perceber fenômenos estranhos e sentir que está sob o ataque do mundo das trevas, dia e noite, procure eliminar todo o seu interesse pelo outro mundo. Depois, olhe para si mesmo por uma nova perspectiva como ser humano, como uma pessoa comum que é e então estabeleça a meta de reconstruir a si mesmo. Tente se esforçar para se tornar alguém que os outros considerem uma pessoa "boa".

Quando os espíritos malignos começam a influenciar na sua vida, você não conseguirá mais distinguir entre o certo e o errado. Se isso acontecer, procure examinar a si mesmo como uma pessoa normal, para ver se é alguém com quem os outros gostariam de estar juntos, uma pessoa cuja simples presença é vista como uma bênção. Esse é o ponto principal de verificação como indivíduo e, se você for uma pessoa desse tipo, estará protegido dos espíritos malignos. Elimine de uma só vez todo o interesse por assuntos espirituais e mediúnicos e simplesmente viva sua própria vida. Procure se desenvolver para se tornar alguém capaz de fazer as pessoas felizes e pratique o "amor que se dá". Se você achar que é alguém especial, o mal usará esse aspecto para entrar no seu coração; portanto, certifique-se de ter eliminado de sua mente todos os pensamentos desse tipo.

Se puder colocar em prática o preceito "ame, nutra e perdoe", conseguirá transformar completamente a sua vida. Você terá dado um grande passo em direção a uma vida mais rica e plena.

SOBRE O AUTOR

---- ✸ ----

O mestre Ryuho Okawa começou a receber mensagens de grandes personalidades da história – Jesus, Buda e outras criaturas celestiais – em 1981. Esses seres sagrados vieram com mensagens apaixonadas e urgentes, rogando para que ele entregasse às pessoas na Terra a sabedoria divina deles. Assim se revelou o chamado para que ele se tornasse um líder espiritual e inspirasse pessoas no mundo todo com as Verdades espirituais sobre a origem da humanidade e sobre a alma, por tanto tempo ocultas. Esses diálogos desvendaram os mistérios do Céu e do Inferno e se tornaram a base sobre a qual o mestre Okawa construiu sua filosofia espiritual.

À medida que sua consciência espiritual se aprofundou, ele compreendeu que essa sabedoria continha o poder de ajudar a humanidade a superar conflitos religiosos e culturais e conduzi-la a uma era de paz e harmonia na Terra. Pouco antes de completar 30 anos, o mestre Okawa deixou de lado uma promissora carreira de negócios para se dedicar totalmente à publicação das mensagens que recebe do Céu. Desde então, até abril de 2011, ele já lançou mais de 700 livros, tornando-se um autor de grande sucesso no Japão. A universalidade da sabedoria que ele compartilha, a profundidade de sua filosofia religiosa e espiritual e a clareza e compaixão de suas mensagens continuam a atrair milhões de leitores. Além de seu trabalho contínuo como escritor, o mestre Okawa dá aulas e palestras públicas pelo mundo todo.

SOBRE A HAPPY SCIENCE

---- ✳ ----

Em 1986, o mestre Ryuho Okawa fundou a Happy Science, um movimento espiritual empenhado em levar mais felicidade à humanidade pela superação de barreiras raciais, religiosas e culturais, e pelo trabalho rumo ao ideal de um mundo unido em paz e harmonia. Apoiada por seguidores que vivem de acordo com as palavras de iluminada sabedoria do mestre Okawa, a Happy Science tem crescido rapidamente desde sua fundação no Japão e hoje conta com mais de 12 milhões de membros em todo o globo, com Templos locais em Nova York, Los Angeles, São Francisco, Tóquio, Londres, Paris, Düsseldorf, Sydney, São Paulo e Seul, dentre as principais cidades. Semanalmente o mestre Okawa fala nos Templos da Happy Science e viaja pelo mundo dando palestras abertas ao público.

A Happy Science possui vários programas e serviços de apoio às comunidades locais e pessoas necessitadas, como programas educacionais pré e pós-escolares para jovens e serviços para idosos e pessoas portadoras de deficiências. Os membros também participam de atividades sociais e beneficentes, que no passado incluíram ajuda humanitária às vitimas de terremotos na China e no Japão, levantamento de fundos para uma escola na Índia e doação de mosquiteiros para hospitais em Uganda.

Programas e Eventos

Os templos locais da Happy Science oferecem regularmente eventos, programas e seminários. Junte-se às nossas sessões de meditação, assista às nossas videopalestras, participe dos grupos de estudo, seminários e eventos literários. Nossos programas ajudarão você a:

- Aprofundar sua compreensão do propósito e significado da vida.
- Melhorar seus relacionamentos conforme você aprende a amar incondicionalmente.
- Aprender a tranquilizar a mente mesmo em dias estressantes, pela prática da contemplação e da meditação.
- Aprender a superar os desafios da vida e muito mais.

Seminários Internacionais

Anualmente, amigos do mundo inteiro comparecem aos nossos seminários internacionais, que ocorrem em nossos templos no Japão. Todo ano são oferecidos programas diferentes sobre diversos tópicos, entre eles como melhorar relacionamentos praticando os Oito Caminhos Corretos para a iluminação e como amar a si mesmo.

Revista Happy Science

Leia os ensinamentos do Mestre Okawa na revista mensal *Happy Science*, que também traz experiências de vida de membros do mundo todo, informações sobre vídeos da Happy Science, resenhas de livros etc. A revista está disponível em inglês, português, espanhol, francês, alemão, chinês, coreano e outras línguas. Edições anteriores podem ser adquiridas por encomenda. Assinaturas podem ser feitas no templo da Happy Science mais perto de você.

Contatos

Templos da Happy Science no Brasil

Para entrar em contato, visite o website da Happy Science no Brasil: http://www.happyscience-br.org/

TEMPLO MATRIZ DE SÃO PAULO
Rua Domingos de Morais, 1154,
Vila Mariana, São Paulo, SP,
CEP 04010-100.
Tel.: (11) 5088-3800 Fax: (11) 5088-3806
E-mail: sp@happy-science.org

TEMPLOS LOCAIS

SÃO PAULO
Região Sul: Rua Domingos de Morais, 1154, 1º andar, Vila Mariana, São Paulo, SP, CEP 04010-100.
Tel.: (11) 5574-0054 Fax: (11) 5574-8164
E-mail: sp_sul@happy-science.org

Região Leste: Rua Fernão Tavares, 124,
Tatuapé, São Paulo, SP,
CEP 03306-030.
Tel.: (11) 2295-8500 Fax: (11) 2295-8505
E-mail: sp_leste@happy-science.org

Região Oeste: Rua Grauçá, 77, Vila Sônia,
São Paulo, SP, CEP 05626-020.
Tel.: (11) 3061-5400
E-mail: sp_oeste@happy-science.org

JUNDIAÍ
Rua Congo, 447, Jd. Bonfiglioli,
Jundiaí, SP, CEP 13207-340
Tel.: (11) 4587-5952
E-mail: jundiai@happy-science.org

RIO DE JANEIRO
Largo do Machado, 21 sala 607, Catete
Rio de Janeiro, RJ, CEP 22221-020
Tel.: (21) 3243-1475
E-mail: riodejaneiro@happy-science.org

SOROCABA
Rua Dr. Álvaro Soares, 195, sala 3, Centro,
Sorocaba, SP, CEP 18010-190
Tel.: (15) 3232-1510
E-mail: sorocaba@happy-science.org

SANTOS
Rua Itororó, 29, Centro,
Santos, SP, CEP 11010-070
Tel.: (13) 3219-4600
E-mail: santos@happy-science.org

CONTATOS

TEMPLOS DA HAPPY SCIENCE PELO MUNDO

A Happy Science é uma organização com vários templos distribuídos pelo mundo. Para obter uma lista completa, visite o site internacional (em inglês): www.happyscience.org.

Localização de alguns dos muitos templos da Happy Science no exterior:

JAPÃO
Departamento Internacional
6F 1-6-7, Togoshi, Shinagawa, Tokyo, 142-0041, Japan
Tel.: (03) 6384-5770 Fax: (03) 6384-5776
E-mail: tokyo@happy-science.org
Website: www.happy-science.jp

ESTADOS UNIDOS
Nova York
79 Franklin Street, New York, NY 10013
Tel.: 1- 212-343-7972 Fax: 1-212-343-7973
E-mail: ny@happy-science.org
Website: www.happyscience-ny.org

Los Angeles
1590 E. Del Mar Boulevard, Pasadena, CA 91106
Tel.: 1-626-395-7775 Fax: 1-626-395-7776
E-mail: la@happy-science.org
Website: www.happyscience-la.org

São Francisco
525 Clinton Street, Redwood City, CA 94062
Tel./Fax: 1-650-363-2777
E-mail: sf@happy-science.org
Website: www.happyscience-sf.org

Havaí
1221 Kapiolani Blvd, Suite 920, Honolulu
HI 96814, USA
Tel.: 1-808-537-2777
E-mail: hawaii-shoja@happy-science.org
Website: www.happyscience-hi.org

AMÉRICAS CENTRAL E DO SUL

MÉXICO
E-mail: mexico@happy-science.org
Website: www.happyscience.jp/sp

PERU
Av. Angamos Oeste, 354, Miraflores, Lima, Perú
Tel.: 51-1-9872-2600
E-mail: peru@happy-science.org
Website: www.happyscience.jp/sp

EUROPA
INGLATERRA
3 Margaret Street, London W1W 8RE, UK
Tel.: 44-20-7323-9255 Fax: 44-20-7323-9344
E-mail: eu@happy-science.org
Website: www.happyscience-eu.org

ALEMANHA
Klosterstr.112, 40211 Düsseldorf, Germany
Tel.: 49-211-9365-2470 Fax: 49-211-9365-2471
E-mail: germany@happy-science.org

FRANÇA
56 rue Fondary 75015, Paris, France
Tel.: 33-9-5040-1110 Fax: 33-9-5540-1110
E-mail: france@happy-science-fr.org
Website: www.happyscience-fr.org

Outros Livros de Ryuho Okawa

O Caminho da Felicidade:
Torne-se um Anjo na Terra

Mude Sua Vida, Mude o Mundo:
Um Guia Espiritual para Viver Agora

A Mente Inabalável:
Como Superar as Dificuldades da Vida

As Leis da Salvação:
Fé e a Sociedade Futura

O Próximo Grande Despertar:
Um Renascimento Espiritual

As Leis do Sol:
O Caminho Rumo a El Cantare
Ensinamentos de Buda para a Nova Era

As Leis Douradas:
O Caminho para um Despertar Espiritual

As Leis da Eternidade:
Desvendando os Segredos do Mundo Espiritual

As Leis da Felicidade:
Os Quatro Princípios Que Trazem a Felicidade

Renascimento de Buda:
Uma Mensagem aos Discípulos de Vínculos Passados

O Ponto de Partida da Felicidade:
Um Guia Prático e Intuitivo para a Descoberta
do Amor, da Sabedoria e da Fé

Pensamento Vencedor:
Estratégias para Transformar o Fracasso em Sucesso

Mensagens de Jesus Cristo:
A Ressurreição do Amor

Mensagens Celestiais de Masaharu Taniguchi:
Mensagem ao Povo da Terra

As Chaves da Felicidade:
10 Princípios para Manifestar a Sua Natureza Divina

Curando a Si Mesmo:
A Verdadeira Relação entre o Corpo e o Espírito